大家小书

文言津逮

张中行 著

北京出版集团公司
北 京 出 版 社

图书在版编目（CIP）数据

文言津逮 / 张中行著 . — 北京 ：北京出版社，2016. 7
（大家小书）
ISBN 978-7-200-12073-8

Ⅰ. ①文… Ⅱ. ①张… Ⅲ. ①文言文—基本知识 Ⅳ. ①H109. 2

中国版本图书馆CIP数据核字（2016）第076985号

总策划：安　东　高立志　　责任编辑：刘　娜

· 大家小书 ·

文言津逮

WENYAN JINDAI

张中行　著

*

北京出版集团公司
北京出版社　出版

（北京北三环中路6号　邮政编码：100120）

网　址：www.bph.com.cn

北京出版集团公司总发行

新华书店经销

北京华联印刷有限公司印刷

*

880毫米×1230毫米　32开本　6.875印张　112千字

2016年7月第1版　2023年4月第8次印刷

ISBN 978-7-200-12073-8

定价：35.00元

质量监督电话：010-58572393

序　　言

袁行霈

“大家小书”，是一个很俏皮的名称。此所谓“大家”，包括两方面的含义：一、书的作者是大家；二、书是写给大家看的，是大家的读物。所谓“小书”者，只是就其篇幅而言，篇幅显得小一些罢了。若论学术性则不但不轻，有些倒是相当重。其实，篇幅大小也是相对的，一部书十万字，在今天的印刷条件下，似乎算小书，若在老子、孔子的时代，又何尝就小呢？

编辑这套丛书，有一个用意就是节省读者的时间，让读者在较短的时间内获得较多的知识。在信息爆炸的时代，人们要学的东西太多了。补习，遂成为经常的需要。如果不善于补习，东抓一把，西抓一把，今天补这，明天补那，效果未必很好。如果把读书当成吃补药，还会失去读书时应有的那份从容和快乐。这套丛书每本的篇幅都小，读者即使细细地阅读慢慢地体味，也花不了多少时间，可以充分享受读书的乐趣。如果把它们当成补药来吃也行，剂量小，吃起来方便，消化起来也容易。

我们还有一个用意，就是想做一点文化积累的工作。把那些经过时间考验的、读者认同的著作，搜集到一起印刷出版，使之不至于泯没。有些书曾经畅销一时，但现在已经不容易得到；有些书当时或许没有引起很多人注意，但时间证明它们价值不菲。这两类书都需要挖掘出来，让它们重现光芒。科技类的图书偏重实用，一过时就不会有太多读者了，除了研究科技史的人还要用到之外。人文科学则不然，有许多书是常读常新的。然而，这套丛书也不都是旧书的重版，我们也想请一些著名的学者新写一些学术性和普及性兼备的小书，以满足读者日益增长的需求。

“大家小书”的开本不大，读者可以揣进衣兜里，随时随地掏出来读上几页。在路边等人的时候，在排队买戏票的时候，在车上、在公园里，都可以读。这样的读者多了，会为社会增添一些文化的色彩和学习的气氛，岂不是一件好事吗？

“大家小书”出版在即，出版社同志命我撰序说明原委。既然这套丛书标示书之小，序言当然也应以短小为宜。该说的都说了，就此搁笔吧。

我读《文言津逮》

陈曦钟

张中行先生的《文言津逮》这本书是讲怎样学习文言的。“津逮”的本意是由渡口坐船到达目的地，后用来比喻为学的门径。所以“文言津逮”也就是“文言入门”。

我们知道，在为学（不管学什么）的道路上，一般说来，并不存在可以一蹴而就的“捷径”。但是，我们却应该避免或者少走弯路。这就需要有人给初学者指点门径，告诉他们正确的学习方法和步骤，以及其他必须注意的问题，等等。

张先生长期从事中学语文教材的编辑和文言文的选注工作，对于学生和教师在学习或讲授文言文时通常会遇到的种种问题，非常了解，因此书中所谈的内容，都有很强的针对性。正如吕叔湘先生序中所说，张先生“是以过来人的资格，把学习文言所可能遇到的困难，给读者一一指明，并且告诉他怎样去克服。正如一个有经验的障碍赛跑运动员指点后来者怎样通过那花样繁多的重重障碍”。

张先生认为，在学习方法方面，路子是原则问题。我们读《文言津逮》，必须先了解张先生在学习文言的方法问题上所持的根本主张。张先生多次讲过，在如何学习文言的方法问题上，多年来一直有两种意见之争：一种意见是偏重多读，以“熟”为基础求会；另一种意见是偏重摸清规律，以“知”为基础求会。或者说，一条路是以多读为主，以文言的词汇语法知识为辅；另一条路是以文言的词汇语法知识为纲，以纲统阅读的目。（《〈文言常识〉编后语》）两条路，走哪一条好呢？张先生主张走前一条路，就是走以多读为基础求会求通的“老路”，因为“这老路虽然要费相当多的时间和精力，却是有保证的通路”。（《方法及进程》，见《文言常识》）

我想在这里说一点自己学习文言的经历。我直到1951年上初中才开始接触文言。那时从初中到高中的语文课本，大部分都是白话作品，只夹杂很少的文言（古典诗文）。而当时我和同学们课外阅读的又全部是现当代文学作品和翻译过来的外国文学作品。这样，语文课上所教的少得可怜的文言，对我们提高阅读文言的能力可以说毫无作用，至少对我个人是如此。高三那年，语文课本忽然分为两册，一册叫《文学》，一册叫《汉语》。《文学》收的全部是古典文学，记得一学年中从《诗经》的“关关雎鸠”一直读到宋元话本《碾玉观音》。这一年学的文言作品的数量超过了前五年的总和。我觉得只有这一年的学习才使我对文言产生了兴趣。恰好这时从邻居家里废弃的旧书中捡到一本20世纪30年代出版的附有注释和白话译文的《古文观止》，课外我把它读了一遍，平时也经常翻看，虽然不能全懂，却成了我日后能够比较顺利学习文言的一点“资本”。总之，我个人的经验，也说明张先生主张学习文言要走“多读”的路子是正确的。

路子确定以后，然后就要考虑读什么和怎样读的问题。书中第九篇《循序渐进》就是集中讲这方面问题的。比如在读什么方面，张先生提出先一般而后专门、先选本而后全集、先今注而后古注，等等；在怎样读方面，指出要熟读，要“精”与“博”配合得当，要学习使用工具书，等等。这些意见都切实而中肯，读者从中不难受到有益的启发。特别值得一提的是，张先生在这一篇中先后两次强调学会使用工具书的重要性。他说：“学习文言，使用工具书是非常重要的习惯和本领，有此本领，许多疑难可以顺利解决，无此本领则处处坎坷，甚至寸步难行”；“所以由初学起就应该手勤，培养寻检的习惯，积累寻检的知识。”为此，他还特意在书后附录了一篇《工具书举要》，介绍一些需要经常参考的工具书。事实上，不但初学者要勤于查工具书，就是基本上学会学通了文言的人，也离不开工具书。目前古书注释中的错误，很大部分便是由于注释者怠于查工具书而仅凭“想当然”造成的。

需要说明，虽然张先生主张走多读的路子，但他并不轻视系统学习文言的词汇语法知识以及名物制度等知识的作用。《文言津逮》中从第一篇《文义之间》开始，一连几篇都是讲文言的特点和难点，给予读者的正是比较系统的有关文言的必要知识。张先生的高明之处，是能把这些原本比较艰深的知识，用举重若轻、深入浅出的文笔，娓娓道来，使读者仿佛在文言世界中漫游，于不经意中获得丰富的知识，无怪乎吕叔湘先生当初要给这书起名《文言世界漫游记》了。顺带说一下，为了实践以多读为主，以文言的词汇语法知识为辅的设想，张先生还亲自主编了一本《文言常识》，读者不妨参看。

本书最后一篇是《行文借鉴》。张先生指出，用现代汉语写文章，以文言为借鉴，要取其优点，避其缺点。他说：“我国旧时代作家如林，各有各的风格，多体会，多学习，结果就会如蜜蜂的杂采而酿成自己的蜜，收获是不可限量的。”在这方面，张先生本人无疑是一个榜样。他是当今公认的散文大师，他的《负暄琐话》等名著，以其独有的风格和魅力，早已洛阳纸贵，风靡天下。你想学习如何以文言为借鉴吗？那就请你读张先生的著作吧，你肯定会有收获的。

《文言津逮》初版于1984年，当时承蒙张先生赐赠一册，读后获益良多。今夏回京，敬群兄来访，说起出版社拟出一套名家撰写的通俗学术著作。我即向他推荐张先生的这本书。敬群兄说，他也读过这本，印象很深。他在征得张先生的同意后，决定将此书收入丛书，并要我写一点读后感。因此拉拉杂杂，写了上面的一些话。

辛巳年秋草于濠江

目 录

序

我跟中行同志认识三十年了，可是因为住处离得远，一年难得见上几次。我知道他的笔是闲不住的，可是不知道他在写些什么。大约半年前吧，我在《语文教学》上看见他写的一篇《文言的用典》，写得深入浅出，令人叹服。我想，这不会是孤立的一篇，不知道还有些什么姊妹篇。果然，有一天，他挟着一包稿子找我来了。他说："这里边是讲怎样学习文言的文章，一共十篇，外加一篇附录讲工具书，你给看看，提提意见。还有，我打算把它们印成一本小书，还没个书名，你也给想想。"他把稿本留下，我翻开来看看，讲用典故那篇赫然在内。另外九篇也都是同样深入浅出，引人入深。从古今文字的异形、异义、异用，讲到反映在文字上的古今风俗习惯的差别，又讲到由于传抄、版刻的不同而产生的疑难，如此等等。总之是以过来人的资格，把学习文言所可能遇到的困难，给读者一一指明，并且告诉他怎样去克服。正如一个有经验的障碍赛跑运动员指点后来者怎样通过那花样繁多的重重障碍。过了半个多月，中行同志来取回稿子，问我怎么样。我说："这是一本异常有用的书，你就放心拿去出版吧。"他说："你还没给取名字呢。"我说："这本书的目的是要把读者引进文言世界，何不就叫作《文言世界漫游记》？如果你嫌这个名字太时髦，喜欢古雅点儿，那就不妨叫作《文言津逮》。"他说："好！就《文言津逮》。"于是他很高兴，我也很高兴。是为序。

吕叔湘

1982年6月29日

写在前面的几句话

近几年来做文言文的选注工作，因为职务所近，常常遇见与学文言有关的一些问题。要不要人人学文言是个大问题，大概要在比较长期的实践中逐渐解决。假定已经决定学，像现在中学课程规定的那样，于是许多人就不得不接触文言作品，或者给别人讲，或者自己读。目的是一个，学会，或说是拿起不过于古奥的文言读物，凭借注解或不凭借注解，能够理解其意义。为了达到此目的而讲而读，会遇见一些困难，需要具备一些对付困难的常识。这类常识，有的可以在词句的讲读中零碎学到，有的可以在介绍古汉语知识的书里比较系统地学到。还有一些，性质比较一般，甚至比较初步，讲读文言时会遇到，而介绍古汉语知识的书却不讲或不着重讲，我个人想，谈谈这方面的常识，对于语文教师和初学文言的人也许有些好处。因为有这种想法，于是写了这本小书。所谈的几个方面源于自己的感触，既不全面，又不深入，更难免偏颇和错误，恳切希望读者多多指教。

吕叔湘先生于百忙中通读原稿，提出不少珍贵的意见，并为取书名，写序文；名书法家启功先生为题封面书名，谨在此表示深深的谢意。

著者

1982年7月

一　文义之间

这本小书谈的是讲文言或学文言时会碰到的一些问题。谈问题之前，先说说什么是文言。这要从古汉语说起。顾名思义，古汉语是古人用为交际工具的汉语。这里有两个问题：一是“古”指什么时代，二是“语”指哪一种话。先说前一个问题，古，从有文献可考算起，即使截止到隋唐，也超过两千年。年代久，任何事物都要变，语言当然也不能例外。孔子说的话如果如实地传下来，恐怕以继道统自任的韩愈也未必能懂，那么究竟以孔子之言为准呢，还是以韩愈之言为准呢？再说第二个问题，从甲骨文起，可考的文献确实不少，可是这些文献与口语有无距离，距离多远，也很难确切知道。古，摸不清；语，也摸不清。怎么办？可行的办法是取其大同而舍其小异。幸而我们的古汉语确是有大同，即所谓“文言”，古代大致以秦汉为准，有个相当明朗的规格，后代，不管是强调仿古的唐宋八大家和明前后七子，还是强调创新的明公安派，都亦步亦趋地照着规格作，这样，文言高踞其位，堂上一呼，堂下百诺，就形成相当协调的一统。这个一统，与其说是古汉语，还不如称之为文言更确切。自然，文言的大同之中也难免小异，如过于古奥的词句，见于甲骨文、金文以至《尚书》中的那些，看来有些离奇，或者另一端，如六朝的译（佛）经体，有外道气，小说，有俚俗气，可以存而不论。

文言和现代汉语有传承关系。这种关系很微妙，你说是截然两种吗？不对；你说不是两种吗？也不对。勉强说，是藕断丝连，异中有同，同中有异。异中有同显示易学的一面，就是说，可以以今度古，望文生义；同中有异显示难学的一面，就是说，望文生义，常常会误解。

我们读文言作品，看，是由字形而领悟意义；念出来，是由声音或兼由声音领悟意义。这里专就看说，是字形和意义之间有某种约定的关系，熟悉这个约定的关系，自然可以望文而生义。可是，字形和意义的约定关系，文言和现代汉语不尽相同，甚至常常不同，因而不熟悉文言的人就很容易把现代汉语的约定关系移用于文言，于是就错了，至少是似是而非。因此，文言的讲读，想要做到理解正确，就必须注意文言的文义之间的某些不同于现代汉语的情况。

文言的文义之间，必须注意的是与现代汉语不同，因而容易误解的情况，像以下两种情况，由于不容易出错，我们就可以看作无关紧要。一种是已经死去的，也就是现代汉语里不用的词。这样的词，时代越靠前，数量越多。如《易经》的“为馵足”，《诗经》的“淇水滺滺”，《仪礼》的“四铏继之”，“馵”“滺”“铏”，现代汉语里都不用了。不用，看见不认识，也就不会因望文生义而误解。另一种是古今词义没有变化的，如“水”“火”“嫁”“娶”“红”“黄”之类，既然词义没有变化，望文生义也就可以通行无阻了。

必须注意的是望文生义容易错的。这有种种情况，下面举例说说一些常见的。

（一）古今异形

（1）宴尔新昏，如兄如弟。（《诗经·邶风·谷风》）

（2）守尸吏然火置卓脐中，光明达曙。（《后汉书·董卓传》）

（3）一日暴之，十日寒之，未有能生者也。（《孟子·告子上》）

（4）王喜，告召公曰：“吾能弭谤矣，乃不敢

言。”（《国语·周语上》）

“昏”，现在写“婚”。“然”，现在写“燃”。“暴”，现在写“曝”。“召”，现在写“邵”。如果不知道古今写法不同，就容易误读、误解。

（二）古字通假

（1）距关，毋内诸侯，秦地可尽王也。（《史记·项羽本纪》）

（2）愿伯具言臣之不敢倍德也。（同上）

（3）旦日不可不蚤自来谢项王。（同上）

（4）张良出，要项伯。（同上）

“距”通“拒”，“内”通“纳”，“倍”通“背”，“蚤”通“早”，“要”通“邀”，这是古字通假。通假是借彼字为此字，也就是写别字。写别字当然不好，不过古人习惯这样做，已经是既成事实，我们也只好容忍，费精力多记一些了。

（三）古今意义不同

（1）弃甲曳兵而走，或百步而后止。（《孟子·梁惠

王上》）

（2）吾去大军数十里。（《史记·李将军列传》）

（3）臣知欺大王之罪当诛，臣请就汤镬。（《史记·廉颇蔺相如列传》）

（4）穷则独善其身，达则兼善天下。（《孟子·尽心上》）

“兵”，古代多指武器。“走”，古代指跑。“去”，古代指离开。“汤”，古代指沸水。“穷”，古代指不得志，不是指缺少财物，所以“穷”的反义词是“达”或“通”，不是“富”（“贫”的反义词是“富”）。很多词，古今意义有变化，有的变化大，有的变化小，即使变化小，如果据现代汉语的先入之见而望文生义，也会似是而非。

（四）古今说法大异

（1）臣诚恐见欺于王而负赵。（《史记·廉颇蔺相如列传》）

（2）皇天无亲，惟德是辅。（《尚书·周书·蔡仲之命》）

（3）而智术浅短，遂用猖獗。（《三国志·诸葛

亮传》)

(4)停车坐爱枫林晚，霜叶红于二月花。(杜牧《山行》)

“见”，这里表被动。“是”，这里的作用是形成宾语前置句(意思是“惟辅有德者”)。“用”和“坐”都表示原因，可是用法有别，“用”通常省略宾语“之”，“坐”却必须带宾语(这里是“爱枫林晚”)。

(五)反义

(1)凡男女之阴讼，听之于胜国之社。(《周礼·地官·媒氏》)

(2)其能而乱四方。(《尚书·周书·顾命》)

(3)敢不唯命是听。(《左传·宣公十二年》)

(4)夜来风雨声，花落知多少。(孟浩然《春眠》)

“胜国”是因战败而灭亡的国，“乱”四方是“治”四方，“敢”是不敢，“知”是不知，这种与字面意义相反的情况也要注意。

（六）异音异义

（1）以为李广老，数奇，毋令当单于。（《史记·李将军列传》）

（2）富润屋，德润身，心广体胖。（《礼记·大学》）

（3）（王）恭曰：“吾平生无长物。”（《晋书·王恭传》）

（4）扁舟一棹归何处？家在江南黄叶村。（苏轼《书李世南所画秋景二首》）

“数奇”的“奇”读jī，是运气不好的意思。“体胖”的“胖”读pán，是安详的样子，不是肥胖。“长物”的“长”读zhàng，是多余的意思。“扁舟”的“扁”读piān，是小的意思。这类字容易误读，从而误解，尤其要注意。

（七）表非习见之义

（1）待到重阳日，还来就菊花。（孟浩然《过故人庄》）

（2）不识南塘路，今知第五桥。（杜甫《陪郑广文游何将军山林十首》）

（3）至是，初行开元通宝钱，重二铢四丝。（《资治通鉴》卷一八九）

（4）（八月）丙子，隆佑太后发南京，命侍卫马军都指挥使郭仲荀护卫如江宁。（《宋史·高宗本纪》）

“菊花”这里不是花名，而是酒名。“第五”这里不是已经走过四座桥的第五座，而是一个大官僚的姓。“开元”很容易误解为唐玄宗的年号，其实这里是开国的意思，因为钱是唐高祖武德四年所铸。“南京”，望文生义，指现在的南京似无问题，其实错了，因为宋朝的南京是现在的河南商丘。

（八）古分今合之义

（1）叶徒相似，其实味不同。（《晏子春秋》）

（2）中间力拉崩倒之声。（林嗣环《秋声诗自序》）

（3）学问之道无他，求其放心而已矣。（《孟子·告子上》）

（4）却看（读kān）妻子愁何在，漫卷诗书喜欲狂。（杜甫《闻官军收河南河北》）

“其实”现在是一个词，等于说“实际上”，古代是两个词，应当理解为“它的果实”。同理，“中间（读 jiàn）”，等于现在说“中间夹杂着”;“放心”，等于现在说“散漫的心”;“妻子”，等于现在说“老婆孩子”。双音节，古代分义，现在变为合义，这种情况也很有一些，如果不留意，贸然以今例古，也会出错。

（九）根据上下文始能确定意义

（1）相如曰：“王必无人，臣愿奉璧往使。”（《史记·廉颇蔺相如列传》）

（2）而诸侯敢救者，已拔赵，必移兵先击之。（《史记·信陵君列传》）

（3）李氏子蟠，年十七，好古文，六艺经传皆通习之。（韩愈《师说》）

（4）渔人网集澄潭下，贾客船随返照来。（杜甫《野老》）

“王必无人”，根据上下文，知道是如果王一定没有人的意思。“已拔赵”，意思是将来攻下赵国之后。“六艺”，可以解为礼、乐、射、御、书、数，也可以解为《六经》，由于下文有“皆通习之”，知道必是指《六经》，因为唐朝读书人不学习“御”（赶车）。“澄潭下”的“下”，骤一看像是方位词，看下联，与“来”对偶，才知道是动词，应解为下网。

（十）古今称谓差别

在称谓上也不要望文生义，机械地照字面理解。如“大父”是祖父，不是大爸爸；“舅姑”是公公婆婆，不是舅父和姑母；“先子”是死去的父亲，不是以前的儿子；“外子”是丈夫，不是外面的儿子；等等。

以上所举是一些常见的情况，一管自然难窥全豹。为了避免误解，还不很熟悉文言的人最好先读有注解的书；读没有注解的书，宁可多抱一些怀疑态度。能疑，并养成多请教词典的习惯，望文生义、似是而非的情况就可以逐渐减少了。

以上谈的易误解的情况都是关于词的。词之外，语、句，自然也有这种情况。一句话，或者小于句、大于词的什么结构，从字面看，有时候不止一种讲法，或者像是可以这样理解而实际不当这样理解，如果不细心，或者不熟悉文言的表达习惯，也容易误解。这类情况，形式和内容千差万别，很难举一例以概其余。以下举一些例，意在说明，从语法的观点看，有的误解与语句的结构有关。例如：

（1）磨砻砥砺，不见其损，有时而尽；种树畜养，不

见其益，有时而大。（枚乘《上书谏吴王》）

（2）大道之行也，天下为公，选贤与能，讲信修睦。（《礼记·礼运》）

（3）楚有宋玉、唐勒、景差之徒者，皆好辞而以赋见称；然皆祖屈原之从容辞令，终莫敢直谏。（《史记·屈原列传》）

（4）衡因为赋，笔不停辍，文不加点。（祢衡《鹦鹉赋序》）

例（1），“种树”容易理解为动宾关系，种植树木；其实在这里它同“畜养”对称，不是动宾关系，而是并列关系，“树”是动词，也是种的意思。例（2），“选贤与能”的“与”，容易理解为“和”，这样“贤与能”就成为“选”的宾语；其实不然，“选贤”同“与能”对称，“与”通“举”，即选拔，是动词，“与能”是动宾关系。例（3），“从容”和“辞令”是什么关系？有人理解为并列关系，这样，意思就是态度从容，言谈美妙；有人理解为动宾关系，意思是委婉于辞令。由上下文看，这里是说辞赋，不是说为官处世，应该从后一种理解。例（4），“加点”很容易理解为断句，这就成为动宾关系；其实这里是并列关系，“加”是添字，“点”是减字，不需增减，是加重形容文才之高。

有的误解与语句的结构无关。例如：

（5）宋华耦来盟，其官皆从之。书曰“宋司马华孙”，贵之也。公与之宴，辞曰：“君之先臣督得罪于宋殇公，名在诸侯之策。臣承其祀，其敢辱君！请承命于亚旅。”鲁人以为敏。（《左传·文公十五年》）

（6）吾不能与有力者争池亭花石之胜，独此取诸土之所有，可以不劳力而蓊然满园，亦足适也。（唐顺之《任光禄竹溪记》）

（7）子曰：“不愤不启，不悱不发，举一隅不以三隅反，则不复也。”（《论语·述而》）

（8）六军不发无奈何，宛转蛾眉马前死。（白居易《长恨歌》）

例（5），“鲁人”，《正义》解为“鲁钝之人”，刘知几《史通·叙事》也同意这种讲法。其实是大有问题的，因为：①在古代典籍中，齐人、晋人、秦人一类说法，齐、晋、秦都指国名，华耦出使之地是鲁国，“鲁人”的“鲁”

怎么能不指鲁国呢？②华耦不敢与鲁君共席是谦逊，照《左传》书中表现的道德观念，正是应该赞扬的。③上文举经称为“华孙”，并解其意为“贵之”，怎么忽而又说只有蠢人才说他“敏”呢？可见理解为“鲁钝”是错的。（焦循《春秋左传补疏》也谈到这个问题，说“鲁人”应解为鲁国之人。）例（6），“胜”，可以解为“胜负”之胜，也可以解为“景物优美”之胜，这里显然不应理解为争胜负，因为：①主人以退隐自喜，当然不会逞强与有力者争胜负。②“胜”前有“池亭花石”作为修饰语，“胜”当然不能是胜负。例（7），“不复”，有人理解为“不再用这种教法”，表示教人用心很苦，意思是好的。不过看上文，说的是“这样蠢笨的不能自力学习的人”，如果“复”的意义是“不再用这种教法”，那就无法衔接，所以还是应该理解为“不再教”。例（8），“宛转”，有人理解为这是形容杨贵妃被勒时身体扭动之状。这显然不妥当，因为：①通观全诗的情调，白居易绝不会特别拈出惨死的形象来描写一下。②“宛转”形容“蛾眉”，意思应该是美好的一面。③“宛转”的本意是“温顺随从”，这里为什么不可以用本意呢？看乐史《太真外传》，记杨贵妃死时是这样说：“上入行宫，抚妃子出于厅门，至马道北墙口而别之，使力士赐死。妃泣涕呜咽，语不胜情，乃曰：‘愿大家好住。妾诚负国恩，死无恨矣。乞容礼佛。’帝曰：‘愿妃子善地受生。’”这样的衰怜之态，用“宛转”来形容不正是合适的吗？

以上两个类型，与结构有关或与结构无关，从要求理解不误方面看，我们不分辨也未尝不可。防止误解的办法只有一个，即多注意上下文，然后选定一种合情合理的讲法。所谓合情合理，就是既要符合文意，又要符合文言的表达习惯。

二　读音小议

一

念白话文，读音有对错问题（以普通话为标准，下同）。错有多种情况，其中重要的一种是：同一形体（如“间”）有不同的读法（jiān，jiàn），应该读那种的时候（如晴jiàn多云）却读成这种（晴jiān多云）。这类读音对错问题是现在通行语言里的问题，本文是谈文言，可以不管。

念文言作品，有些字读音怎样算对，怎样算错，问题很复杂。为了今天有用，可以把问题简化。①我们可以不管古音或旧音问题。因为：a.搞不清楚。譬如说，孔子总念过“关关雎鸠”吧？那究竟是什么韵味？恐怕很难摹拟。等而下之，到唐朝李杜，当然也要念，什么韵味？我们只知道必不同于孔子，可是也很难摹拟。b.即使能够搞清楚也没有用，因为我们要用现代普通话的语音系统读。举例说，数字“一”“七”“八”“十”，旧音都不读平声，现在都读平声了。又如“日”“月”“木”“肉”，旧音都是入声字，现在词典都注去声了（汉语拼音也没有表示入声的符号）。②文言典籍中有很多字，现代汉语不用或几乎见不到了，怎样读音，可以靠《辞源》《辞海》或《康熙字典》《中华大字典》一类书确定，自然不会因为望文生音而致误，这里也可以不管。

需要注意的是这样一些字，现代汉语中仍然常见，可是文言中的某种用法，照旧习惯要另读的，如“女”读rǔ，“内”读nà；“（口）占”读zhàn，“王（天下）”读wàng；“（矛）盾”读shǔn，“（大）乘”读shèng；“浅浅”读jiān jiān，“丁丁”读zhēng zhēng；“（皋）陶”读yáo，“龟兹”读qiū cí；“可汗”读kè hán，“南无”读nā mó；等等。这类字，容易望文生音；是不是望文生音一定算错呢？还是有的算错有的可以不算错呢？很明显，如果望文生音可以不算错，讲读文言就可以少一些负担。这个问题很不简单。此外，还有个牵涉更广的问题：文言是旧时代的事物，读音完全不顾旧习惯行得通吗？问题大而多，绝非一两个人的片断想法所能解决；这里只想分析一下问题的大致情况，以期讲读的时候能够心中有数，或者进一步知道如何取舍。

二

我们可以先从“负担”谈起。没有负担比有负担轻松，这是任何人都知道的。但是分析问题不当这样笼而统之，因为负担也会有质的不同：有的是无谓的，有的是必要的。无谓的可以扔掉，必要的不能扔掉。就某字的某种用法须另读说，如果放弃此另读会引起误解或招来不便，这个另读，作为一种负担说，就是必要的，反之是无谓的。这个原则容易说，估计也容易取得多数人同意；困难在于用它去甄别具体的字。譬如说，我建议此后读《孟子》“然而不王者，未之有也”，“王”就读阳平好了，估计我的学生会同意，我的老师就未必同意。万一意见不同，处理得都心平气和还是困难的。

不过，减轻负担，作为处理文言读音的一个原则，还是可取的，甚至是不得不取的。何以言之？有事实为证。①有些字的另读过于琐细，维持它像是很别扭，大家早已不约而同地放弃了。如“出使”“治国”“慰劳”“忠告”，现在都照字面读，而不读出shì、chí国、慰lào、忠gù了。②普通话审音委员会审异读词的时候，碰了一点文言的边，已经用了减轻负担这个原则。如“（操）行”读xíng，不读xìng；“（不）胜（枚举）”读shèng，不读shēng；“（口）吃”读chī，不读jī；“叶（公好龙）”读yè，不读shè。（可惜没有扩而大之，把现代汉语里不见或罕见的文言另读也用这个原则清理一下。如果这样清理了，讲读文言的人就可以轻装上阵，那真是功德无量。）③ 辞书也已经悄悄地用了这个原则。以《辞海》为例，遇到某字文言另一用法另读的情况，多数是另条注音，这表示“应该”另读；少数则不这样处理。其中又分两种，一种数量不多，是注明“读音”（意思大概是这样读也可以）；一种数量较多，是注明“旧读”，这表示现在“不必”另读，可轻装则轻装了。④ 望文生音，不管另读也是将来的大势所趋。如“（再）三”，很少人读sàn；“（游）说”，很少人读shuì；作姓用的“仇”“盖”，连本人也望文生音，不读qiú、gě了。⑤有些字的另读，似乎放弃了更顺当一些。如“文（过饰非）”不读wèn，当赠送讲的“遗”不读wèi，“滑（稽）”不读gǔ，“（阿）房（宫）”不读páng，不是很好吗？

减轻负担的原则，说得更周密一些是，凡是照字面读而不影响意义的表达和理解的，就放弃另读。这个原则容易定，可是运用起来又会遇到疑难。难不在两端而在中间。

一端是明显可以放弃的，如一般词语的“数”（当屡次讲读shuò），“倩”（当女婿讲读qìng），专名的“（仆）射”（读yè），“（郦）食其”（读yì jī），等等，照字面读都不致引起误解，放弃另读没有问题。一端是明显不能放弃的，如“责”通“债”，“信”通“伸”，“识”通“志”；“（数）奇”读jī，“（宫商角）徵（羽）”读zhǐ，“（白云）观”读guàn，照字面读会引起误解，就不好放弃。中间的，字数未必很多，类型却千变万化，如何去取要仔细考虑，甚至要个别解决，这里不能详谈。

这里必须多考虑的是，讲读文言的时候，遇见这类问题怎么办。很明显，语言是大家共用的交际工具，专就读音说，某字怎样读，只能由约定俗成定之，或主管部门（如审音委员会）定之，个人，不论有什么想法，总不当擅自做主。我个人的想法，有两条路可走。一条，完全照辞典，如“稽首”读qǐ shǒu，“亲串”读qīn guàn，“朱提”读shú shí，“单于”读chán yú，“冒顿”读mò dú，等等；辞典注明“读音”的，或从读音或不从读音；辞典注明“旧读”的，告诉学生或自己记得，旧日有另读，今可不从。另一条路，酌量运用减轻负担的原则，向学生讲明或自己记得，某字的某种用法有另读，从不从皆可。

三

前面说，文言读音问题很复杂。以上只谈了复杂的一个方面；还有另一个方面，来自文言的常用花样，调平仄和协韵。于是问题来了，如果完全照现代普通话的语音读，而且酌量求减轻负担，而这样碰巧与调平仄和协韵的要求冲突，怎么办？一条路是不管，这就会失掉由调平仄和协韵而来的声音美；一条路是顾全声音美，追逐旧读，这样不只不能减轻负担，反而要比辞典保留的走得更远。看下面的例：

（1）将军勇冠三军，才为世出。（丘迟《与陈伯之书》）

（2）箫声咽，秦娥梦断秦楼月。秦楼月，年年柳色，霸陵伤别。（李白《忆秦娥》）

例（1）“出”，旧音是入声字，现代汉语读平声；如果读作平声，与“军”平仄失调。“别”也是入声字，现代汉语读平声；如果读作平声，与“咽”“月”不能协韵。要是顾全声音美，就要找回旧音，读作仄声。（这里说仄声，因为普通话没有入声，只能读作去声。因此，严格地说，所谓追逐旧音，只能大致地追逐到“仄”，不能细致地追逐到“入”。）

讲读文言，割舍声音美也是一件难事；如果不能割舍，那就只好在读音方面忍受一些麻烦。幸而这样的麻烦并不很多，习惯了负担也不致过重。下面分类举一些例，以便知道哪些地方需要注意。

散文是“散”的，但是有时候也有平仄协调的问题。

（3）民悫则财用足，民侈则饥寒生。（桓宽《盐铁论·本议》）

（4）然则北通巫峡，南极潇湘。（范仲淹《岳阳楼记》）

例（3）“足”，例（4）“峡”，旧都读仄声；现在读平声，与平声“生”“湘”不协调。还可能有不协调的问题。

（5）天得一以清，地得一以宁，神得一以灵，谷得一以盈，万物得一以生，侯王得一以为天下贞。（《老子·第三十九章》）

（6）闻道百，以为莫己若……（《庄子·秋水》）

例（5），清、宁、灵、盈、生协韵；“贞”旧读zhēng，与以上几个字协韵，现在读zhēn，不协韵。例（6），“百”是入声字，用汉语拼音表示读bò，与“若”协韵；现在读bǎi，不协韵。

比散文规矩严一些的是骈文，讲究对偶，用现在音读，平仄不协调的情况有时候会出现。

（7）盖踵其事而增华，变其本而加厉。……美终则诔发，图像则赞兴。……仲连之却秦军，食其之下齐国。……虽传之简牍，而事异篇章。（萧统《文选序》）

（8）孟尝高洁，空余报国之心；阮籍猖狂，岂效穷途之哭。（王勃《滕王阁序》）

例（7），“发”“国”“牍”旧读仄声，与平声“兴”“军”“章”协调；现在读平声，不协调。例（8），“洁”“哭”旧读仄声，与平声“狂”“心”协调；现在读平声，不协调。

比骈文规矩更严的是赋，因为它有韵，又常常讲究对偶。

（9）棹容与而讵前，马寒鸣而不息。（江淹《别赋》）

（10）笼天地于形内，挫万物于笔端。始踯躅于燥吻，终流离于濡翰。理扶质以立干，文垂条而结繁。信情貌之不差，故每变而在颜。思涉乐其必笑，方言哀而已叹。（陆机《文赋》）

例（9），“息”，旧读仄声，与平声“前”协调；现在读平声，不协调。例（10），“端”“翰”（旧可读平声）“繁”“颜”“叹”（旧可读平声）协韵；照现在读法，“翰”“叹”都不协韵。

要求平仄协调和协韵更严的是诗歌（包括诗、词、曲等）。

（11）打起黄莺儿，莫教枝上啼。啼时惊妾梦，不得到辽西。（金昌绪《春怨》）

（12）潇湘何事等闲回，水碧沙明两岸苔。二十五弦弹夜月，不胜清怨却飞来。（钱起《归雁》）

（13）多情自古伤离别，更那堪，冷落清秋节。今宵酒醒何处？杨柳岸，晓风残月。此去经年，应是良辰好景虚设。便纵有千种风情，更与何人说？（柳永《雨霖铃》）

与上面提到的文体相比，诗词在调平仄方面要求特别严，就是说，不只在句末，而且在句中（粗略地说，诗要二、四、六分明，词大致是这样而不尽同）；协韵的限制也比较严，尤其是近体诗。这样，讲读诗词，如果一律照现在的音读，就常常会出现平仄失调和不协韵的现象。如例（11）“教”，旧可读jiāo，“得”，旧读dè；例（12）“十”，旧读shì，“胜”，旧读shēng：平仄才能协调。例（11）“儿”，旧读ní；例（12）“回”，旧读huái：才能协韵。例（13），这首词用入声韵，其中“别”“节”“说”现在读平声，如果不从旧读就不能协韵。

那么，讲究平仄、协韵的文体，尤其诗歌，读音问题要怎样处理才好呢？办法可有两种。一是在需要调平仄和协韵的地方，从旧读（如果是讲给人听，要说清楚为什么这样读）。一是照现在的音读，说清楚平仄不调和、不协韵，是因为古今读音有变化。我个人是倾向于用前一种办法。

三　名物种种

讲文言，读文言，主要的要求是能够透彻而正确地理解。要理解，而且要透彻、正确，这自然不很容易。不容易有种种原因，其中一个相当重大的是，对过去的“名物”不熟悉。文字是客观情况的写照，所谓能理解，是透过文字，恰如其分地觉知文字所反映的客观情况。因此，如果不熟悉客观情况，只是识字，其结果有时候就会像雾里看花，想看的是花，而所见的是雾，至多只看到迷离恍惚的花。从这种意义上说，熟悉客观情况较之识字并非次要。文言所反映的生活情况是过去各个时代的，而过去的生活情况，与现代的相比，有相当多的一部分，或者大异，或者小异；即使是小异，如果不熟悉，也就不能透彻而正确地理解。记得年轻时候，读到下面的句子：

（1）寝不尸。（《论语·乡党》）

(2) 外无期功强近之亲，内无应门五尺之童。（李密《陈情表》）

(3) 桓玄既篡位后，御床微陷，群臣失色。（《世说新语·言语》）

(4) 王浑与妇钟氏共坐，见武子（王浑之子）从庭过，浑欣然谓妇曰："生儿如此，足慰人意。"妇笑曰："若使新妇得配参军（王沦，王浑之弟），生儿故可不啻如此。"（同上书《排调》）

心里总是似解非解，将信将疑。尸，旧注是偃卧如死尸，也就是面朝上背朝下，这样睡也相当舒服，为什么不可以呢？身高五尺，将近一米七了，古代儿童怎么这样高呢？皇帝接见群臣，为什么躺在床上呢？钟氏已经有了很大的孩子，为什么自称新妇呢？后来才明白：寝不尸，可能是因为古代有俯身葬法，像死尸一样面朝下睡，这当然不好；古时候尺小，五尺合现在三尺多；床当时是坐具；六朝时候，女子出嫁以后，上有长辈就自称新妇。起初不能透彻而正确地理解，就是因为不熟悉古代的名物。

从讲读文言的角度看，有关名物的困难大致可以分为两个方面。一方面，严格讲不是名物问题，只是名称古今不同，而实质无大差异。例如宋朝所谓“瓦子”，大致相当于现在的“市场”或“商场”；明朝所谓“直裰”，大致相当于前些年男子穿的长袍，等等。这是古今词汇的差异，这里可以不谈。名物的真正困难来自另一方面。这就性质说又可分为两种。

一种是属于社会组织和人事活动方面的。例如：

（5）临江哀王阏，以孝景前二年立。三年薨，无子，国除为郡。（《汉书·景十三王传》）

（6）董生举进士，连不得志于有司。（韩愈《送董邵南序》）

例（5），“国”是汉朝封王的皇帝子孙占有的封地，因为被封的王死后无子，所以“国”撤销，封地收回，改为由中央统辖的郡。例（6），“举进士”是投考进士，“连不得志于有司”是考官（通常是礼部侍郎）几次都不赏识他的文章，没有考中。

另一种是属于劳动创造的生活资料方面的。例如：

（7）龟足以宪臧否，则宝之。（《国语·楚语下》）

（8）先帝哀边人之久患，苦为虏所系获也，故修障塞，饬烽燧。（《盐铁论·本议》）

例（7），“龟”是整治好了的供占卜用的龟甲。例（8），“烽燧”是古代边境高处设立的烽火台，点火报警，白天称“燧”，夜里称“烽”。

上举“国除”“烽燧”等名物，因为涉及人类生活的各个方面，内容自然很复杂。过去讲这类名物的书，主要有正史的“志”，如天文志、地理志、选举志、食货志等。史志之外，还有所谓“政书”，如唐朝杜佑的《通典》、宋朝郑樵的《通志》，更详尽的是元朝马端临作的《文献通考》，内容包括田赋、钱币、户口、职役、征榷、市籴、土贡、国用、选举、学校、职官、郊社、宗庙、王礼、乐、兵、刑、舆地、四裔、经籍、帝系、封建、象纬、物异，共二十四门。政书内容虽然这样复杂，可是缺漏仍然在所难免。原因是：① 历来讲这类名物的书都着眼于与政务有关的大事，至于只与小民有关的一些所谓小节，自然就遗漏了。② 文字有限而客观情况无穷，想巨细无遗当然做不到。这样，就讲读文言说，有时就会使透彻而正确的理解很不容易。

这个困难，对初学的人说，要求短期内完全解决自然不切实际；不过，既然要讲读文言，我们就不能不要求了解困难的性质，以及解决的途径。了解了性质，认识了途径，读多了，渐渐熟悉，逐步解决还是不很难的。以下简略地说说解决名物困难的应注意之点。

名物种类太多，内容太繁，这里只得泛说，由一斑以窥全豹。还是由讲读的角度看，需要注意的有各种情况。一种情况是，有些名物，其名称和内容都是古有而今无，例如：

（9）君（鲁昭公）娶于吴为同姓，谓之吴孟子。君而知礼，孰不知礼！（《论语·述而》）

（10）（腾蛟）调口北道，才谞精敏，所在见称。遭母忧，巡抚刘永祚荐其贤，乞夺情任事，腾蛟不可，固辞归。（《明史·何腾蛟传》）

（11）昔有夸夫，终身未膺一命，好袭头衔，将死，遍召所知，筹计铭旌题字。或徇其意，假借例封、待赠、修职、登仕诸阶，彼皆掉头不悦。最后有善谐者，取其乡之贵显，大书勋阶、师保、殿阁、部院、某国某封……（章学诚《古文十弊》）

（12）礼有以文为贵者。天子龙衮，诸侯黼，大夫黻，士玄衣纁裳。（《礼记·礼器》）

（13）夫刍狗之未陈也，盛以箧衍，巾以文绣，尸祝齐戒以将之。（《庄子·天运》）

（14）（苏武）杖汉节牧羊，卧起操持，节旄尽落。（《汉书·李广苏建传》）

例（9），鲁国和吴国都是文王之后，同姓，吴国的女子应名什么“姬”，鲁国君娶她，犯同姓不婚之禁，所以改名吴孟子（什么“子”是殷朝女子），图蒙混过关。例（10），“母忧”是因丧母而丁忧，须辞官回家守制；“夺情”是夺守制之情，不让辞官。例（11），“例封”什么，“待赠”什么，修职郎，登仕郎，都是小官衔；某某勋官，某某阶官（二者都指品级高的），师、傅、保，殿阁大学士，部尚书、侍郎，都察院御史，某国公或侯，都是大官衔。以上这些社会生活方面的花样都是现在所没有的。例（12）、（13）、（14）的龙衮、黼、黻、玄衣纁裳，刍狗，节，这类器物也是现在所没有的。因为现在没有，见到面生，不弄清楚其实质，就不能算是透彻而正确地理解了文字。

另一种情况是，有些名物，名称古今通用而内容大异或小异，例如：

（15）主人东楹东，北面拜，尸复位，尸与侑皆北面答拜。（《仪礼·有司彻》）

（16）（宗仪）洪武六年聘修大明日历，授翰林编修。乞改太平府教授，召为国子助教。（《明史·陶宗仪传》）

（17）（鸿）为人赁舂，每归，妻为具食，不敢于鸿前仰视，举案齐眉。（《后汉书·梁鸿传》）

（18）（修）常步行，以百钱挂杖头，至酒店便独酣畅。（《晋书·阮修传》）

例（15），“尸”，现在只指死尸，所以不能动；古代兼指扮演受祭的死者的人，所以能“复位”，能“答拜”。例（16），“教授”是府学的官，“助教”是国子监的官，都与现在的大专教师职称不同。例（17），“案”是食案，长方形，平面四边有沿，下有四短足的托盘，与现在的办公桌、书桌大不同。例（18），“钱”是有方孔的圆形铜币，不是现在的长方形纸币，所以可以用绳穿起来挂在杖头。这些，因为名同而实异，遇见的时候尤其要注意。

还有一种情况，文字谈当时事而引用古名，于是名物就具有双重身份。例如明清时候，乡试举中称为举人，文人笔下经常喜欢古雅一些，称为“举孝廉”，这是把汉朝的选举制度移到后代用了。又如读清朝早年的文章，有时看到“某宗伯”，这是说的“钱谦益”，因为他做过南明的礼部尚书，这个官相当于《周礼·春官》的“大宗伯”，又因为他投降清朝以后又得了罪，著作成了禁书，人也就不好出头露面，所以以“某”代之。像这类蒙着双层面纱的名物，文言里很有一些，读的时候也要注意。

此外，还有一种情况，字面像是与名物无关，而骨子里却隐藏着名物。例如晋庾翼、孙盛著史，都名《晋阳秋》，而不名《晋春秋》，这是因为要避简文帝郑太后（名阿春）的讳。同样，唐朝人写文章，应该说“治乱”的地方要改说“理乱”，这是避高宗李治的讳。避讳之外，还有赐姓和改名，也属于这一类。例如读唐初的历史，有机会遇见李绩和他的孙子徐敬业，祖孙不同姓，这是怎么回事呢？原来李绩本名徐世绩，辅助唐高祖李渊打天下立了功，赐姓李，成为李世绩；唐太宗李世民即位以后，因为避讳，删去“世”字，成为李绩。他的孙子敬业用本姓，所以名徐敬业。

上述四种情况之外，自然还会有其他类型，可以类推，不一一列举了。

怎么解决呢？总的原则是逐渐熟悉，具体办法是分几个方面循序渐进。

首先，要熟悉通史方面的知识。这有两种意义。①通史是个架子，所有名物都是可以而且应该摆在上面的，不熟悉这个架子，偶然碰到一个，不知道其所自来和应如何安放，疑难的程度就会更深。②通史是按部就班地讲过去情况的，其中有不少正是名物，因而学历史正是熟悉名物的良好途径之一。

其次，还不很熟悉文言的同志，讲，尤其自学，最好先看有注解的。有些文言读物，有旧注，有新注，一般是旧注简而新注详，旧注难懂而新注易懂，所以要尽量用新注本。

注解无论如何详细，因为注的人与看的人程度不同，要求不同，总难免有不足的地方。并且，讲读文言，范围逐渐扩大，总难免会碰到没有注解的。所以必须学会利用辞书。这类辞书，现在常用的是《辞源》和《辞海》（各有新旧两种版本）。我个人的经验，文言，只要不是文字特别古奥（如《尚书》和《仪礼》）、内容特别艰深的（如《墨子》的经上下、大小取和《史记·天官书》），能勤于并善于利用辞书，其中的名物问题可以解决一大半。

有些还不能解决，或者希望了解得更全面、更透彻，怎么办？这就要参考比较原始的材料。如有关明朝的取士制度，可以查《明史·选举志》或《续文献通考·选举考》。又如清初诗人王士禛做过扬州推官，如果想搞清楚这是个什么官，就可以查《清史稿·职官志》或《清文献通考·职官考》。由《史记》到《清史稿》，所谓“正史”共二十六部，绝大多数有“志”（《史记》名“书”）。通典、通志、通考之类所谓“政书”，总共十部，简称《十通》。合起来，真是汗牛充栋，通读当然很难，也没有必要，但是知道如何利用还是有好处的。

史志、政书之外，近人还有一些专讲某类名物的著作，如系统介绍历代赋税情况的，有陈登原的《中国田赋史》，概括介绍避讳情况的，有陈垣的《史讳举例》，专讲清朝科举制度的，有商衍鎏的《清代科举考试述录》，等等。这类书，内容各式各样，质量高低不一，非短文所能介绍。最好是多注意书目，然后要眼勤（碰到就翻翻，看看用处大不大），手勤（如认为有用，就把书名和内容提要记在小本子上，备考），这样日积月累，碰到疑难，知道如何对症下药，对于解决名物困难也是大有帮助的。

四　典故探原

文言与现代汉语差别相当大，在大家日常都用现代汉语的时候，给别人讲文言或自己读文言，因为生疏，会感到困难很多。困难中最大的一种是文言作品常常用典（也称“用事”“隶事”）。典故的出处成千上万，如果不知道出处，有很多就不能理解或不能确切地理解。人所知有限而典故无涯，因而通晓典故的困难就比较难于解决。本文自然也不能提供什么灵丹妙药，只是想谈谈有关这个问题的一些粗略情况，希望对于初学的人能够有些帮助。

一

先说说什么是用典。用定义的形式说是：用较少的词语拈举特指的古事或古语以表达较多的今意。看下面的例：

（1）（赵明诚）取笔作诗，绝笔而终，殊无分香卖履之意。（李清照《金石录后序》）

（2）弟则虑多口之不在彼也，如履如临，曷能已已。（林则徐《答龚定庵书》）

（3）吹竽已涩，汲绠不修。（马端临《文献通考序》）

例（1），“分香卖履”是引用陆机《吊魏武帝文》引魏武帝遗令的古事，以表达挂心身后的私事。例（2），“如履如临”是引用《诗经·小雅·小旻》“如临深渊，如履薄冰”的古语，以表达环境特别艰险。例（3），“吹竽已滥”是引用《韩非子·内储说上》南郭处士吹竽的古事，以表达无才而勉强充数；“汲绠不修”是引用《庄子·至乐》“绠短者不可以汲深”的古语，以表达学识浅陋，难当大任。

从上面的例子可以知道，所谓用典要具备三个条件：① 引古以说今；② 古事或古语是特指的；③ 言简而意多。按照第一个条件，历史性的叙述，本意就在介绍古事，不是用典。这里需要特别说明的是第二个条件，古事或古语是特指的，因为这牵涉到用典和非用典的分界问题。这个问题很难处理，因为明确的界限是没有的。俗语说，千古文章一大抄，我们说话、写文章，小至一字一词都是过去就有的，这不也是用古吗？关键就在于所谓古是不是特指。例如我们说“驽马”，心中只想到“才能平常”，这不是特指，所以不算用典；说“驽马十驾”，心中想到《荀子·劝学》，这是特指，所以算用典。这样，从理论方面说，界限像是清楚了；不过碰到具体语句，那就未必没有麻烦。常见的麻烦有两种：① 古事或古语凝缩为常用词语（包括成语），如行李、赌东道、一鼓作气，就来源说是典故，可是用的人几乎都不会想到它们的老家《左传》，这算不算用典呢？不好说。② 语句相似或相同，如王羲之《兰亭集序》“固知一死生为虚诞，齐彭殇为妄作”，与刘琨《答卢谌书》“知聃周之为虚诞，嗣宗之为妄作”句法相似，是不是引用呢？也难说；再如郑板桥在《范县署中寄舍弟墨第四书》中说“吾其长为农夫以没世乎”，话很平常，用在这里很顺适，这是不是引用杨恽《报孙会宗书》中的“长为农夫以没世矣”呢？自然只有问郑板桥才知道。总之，用典与非用典的界限并不是处处都清楚，对于这类交界地方的不清楚，除了安于不求甚解以外，恐怕没有什么好办法。

二

文言常常用典，因为文人喜欢用典。喜爱而成为癖好，于是提起笔来就想摆弄一下肚子里的古董。其结果是典故不只充斥于诗文，而且泛滥到诗文以外。诗文之外用典，常见的有人名，如刘知几，用《易经·系辞下》“知几其神乎”；孟浩然，用《孟子·公孙丑上》“我善养吾浩然之气”；胡三省，用《论语·学而》“吾日三省吾身”。有地名（包括园亭斋室等），如桃源县，用陶渊明《桃花源记》；松江县别名云间，用《世说新语·排调》陆云所说“云间陆士龙”；拙政园，用潘岳《闲居赋》“此亦拙者之为政也”；沧浪亭，用《孟子·离娄上》“沧浪之水清兮”；遂初堂，用孙绰《遂初赋》；知不足斋，用《礼记·学记》“是故学然后知不足”。有书名，如《鸡肋编》，用《三国志·武帝纪》建安二十四年注引《九州春秋》所记杨修语“夫鸡肋弃之如可惜，食之无所得”；《齐东野语》，用《孟子·万章上》“齐东野人之语也”；《管锥编》，用《庄子·秋水》“用管窥天，用锥指地”。其他可以类推。

这样喜欢用典是为什么呢？原因很多。最主要的一个大概是炫学，以为不这样就不够典雅，不能显示自己有学问。这种心理可以举黄山谷为代表，他推崇杜诗韩文，因而说：“老杜作诗，退之作文，无一字无来处。”再如王荆公，学力深，魄力大，常常目空一切，可是看到苏东坡咏雪的诗，其中“玉楼”“银海”引用道书，却大为赞叹。其次，有不少人底子厚，古书熟，提笔表意，古事古语罗列眼前，因而随手拈来，并不在意就用了典。再其次，随手拈来惯了，用典成了轻车熟路，不用反而要费力。再再其次，到用典成为风气的时候，有些人就会觉得，有的篇什，用典写出来比不用典好玩，如苏东坡《次韵黄鲁直嘲小德》诗，通篇用小老婆典，用意就是这样。此外还有个重要的理由，有时候用了典，表达效果可以更好（这一点留待下节详说）。

喜欢用典的重要原因之一是炫学，这刻薄一些说是想吹牛，其结果自然会出毛病。病之一是可不用而强用，弄得生硬别扭。这一点前人早有评论，如胡仔《苕溪渔隐丛话》卷十二引《洪驹父诗话》：“世谓兄弟为‘友于’，谓子孙为‘诒厥’者，歇后语也。子美诗曰：‘山鸟山花皆友于。’退之诗：‘谁谓诒厥无基址。’韩杜亦未能免俗，何也？”又如王国维《人间词话》卷上：“沈伯时《乐府指迷》云：‘说桃不可直说破桃，须用红雨、刘郎等字；咏柳不可直说破柳，须用章台、灞岸等字。’若唯恐人不用代字者。果以是为工，则古今类书具在，又安用词为耶？宜其为《提要》所讥也。”病之二是竞用僻典，钻牛角尖，使人读了不知所云。古书，有常见的，有罕见的；就旧时代说，有一般读书人都读的，有一般读书人不读的。常见都读的书，如经传、先秦诸子、前四史等，其中的事迹和语句，读书人差不多都熟悉，引用和阅读自然轻而易举。平心而论，轻而易举当然是优点，可是由意在炫学的人看来却是个缺点，因为不能显示自己鹤立鸡群。怎么办？办法是避熟就生，到一般人不知或不读的，如佛书、道书、杂史、笔记、小说、偏僻文集等典籍里去找材料。这样搜索来的奇货，一般人看见莫名其妙，要待识宝的异人来了，买卖双方才会相视而笑，莫逆于心。这种莫逆于心的故事，历代笔记里记载不少，只举一例，周密《浩然斋雅谈》卷上：“晏珠尝进牡丹诗，表云：‘布在密清之囿。’‘密清’二字，人多不晓，盖用《东京赋》中语：‘京室密清，罔有不韪。’”“我独知”，这一点点乐趣显然是用“他人皆不知”的巨大代价换来的。

三

用典，即使不是僻典，也总是与歇后语甚至谜语有相似之处，肚子里古董不多的人读了，难免要问："此话怎讲？"《南史》记一件事就正好说明这种情况，卷十三《彭城王义康传》说义康浅陋，有一次问袁淑多大岁数，袁淑说"陆机入洛之年"。义康不解，说："身不读书，君无为作才语见向。"可以直说而曲说，劳人发问，这应该说是用典的致命伤。这样评论，昔人听了会以为太过分；那就算说给今人听也好。今人接触古籍的机会不多，读文言，直说的语句尚且感到隔膜，何况看到语句，要暂且放下，先到自己没有去过的地方查寻出处，然后回来领会意义呢？说话、写文章，是为了人家了解，用典的结果是难了解，这就成为作茧自缚。解救自缚的一个好办法是自解，如顾亭林作诗，典故的出处常常用自注的形式说明，这很好，可惜这样自解的人太少了。关于用典难解的弊病，昔人也不是没有同感。因为有同感，所以旧时代有成千上万的人把毕生精力耗在注释工作上（旧注主要是引古证今）。注释是个苦事，要博；可是不管怎样博，总难免漏，或者踏破铁鞋无觅处；甚至注错（顾亭林《日知录》卷二十七指出不少）。这是用典弊病的发展，殃及池鱼。用典的弊病如此之大，所以有的人就持反对态度。其轻者是说用典未必好，如陆游《老学庵笔记》卷七：“今人解杜诗，但寻出处，不知少陵之意初不如是。……如《西崑酬唱集》中诗，何曾有一字无出处者，便以为追配少陵，可乎？”进一步是说不用典反而好，如《人间词话》卷上：“以《长恨歌》之壮采，而所隶之事只小玉双成四字，才有余也。梅村歌行则非隶事不办。白吴优劣即于此见。”更甚者是形诸嘲骂，如《苕溪渔隐丛话》卷四十八引《类苑》：“填塞故实，旧谓之点鬼簿，今谓之堆垛死尸。”

以上说了些用典的坏话。但这只是一面，还有另一面的优点我们也不能不承认。这可以分作六项来谈。

1. 文化是连续的，人生在任何时代都要继承、传授。古事古语是文化的一部分，我们既要继承，又要传授。在继承传授中提到、利用，不只是自然的，也是当然的，或说是合法的。如果我们因其是古典而就不用，那么近典呢？例如鲁迅著作及其他经典，难道可以反对引用吗？容忍近而不能容忍古是不公道的，积极一点说是扔掉文化遗产，不合算的。

2. 从用典的人方面说，他肚子里有，随手拈来，恰好能够完成表意的任务，是既方便，又经济。周密的一段话可以说明这种情况，《浩然斋雅谈》卷上：“东坡《赤壁赋》多用《史记》语，如杯盘狼藉，归而谋诸归，皆《滑稽传》；正襟危坐，《日者传》；举网得鱼，《龟策传》。”

3. 用典的一个大优点是能够以简驭繁。看下面的例：

(1) 天下事已可知，吾其左衽矣！(《资治通鉴》卷一〇五)

(2) 公随手挥洒应之，皆《正气歌》也。(姜宸英《〈奇零草〉序》)

(3) 使贾谊见孔子，升堂有余矣。(苏轼《答谢民师书》)

例(1)，“左衽”是引用《论语·宪问》“微管仲，吾其被发左衽矣”，以表达有亡国于异族的危险。例(2)，《正气歌》是引用文天祥的事迹，以表达决不背故国的坚贞。例(3)，“升堂”是引用《论语·先进》“由也升堂矣，未入于室也”，以表达造诣相当高。我们无妨试一试，如果不用典，那就要多费一些话。有些典故凝缩为成语，如削足适履、守株待兔、杯弓蛇影等更足以说明这种情况。

4. 能够唤起联想，因而意思可以表达得更丰富、更深刻、更生动。如上面举的“皆《正气歌》也”就是这样，知道出处的人读了，除了领会不忘故国的意思以外，还会想到文天祥的可歌可泣的故事，因而感受就深沉多了。又如贺铸《青玉案》词，“凌波不过横塘路”，知道出处的人读了，会想到曹植《洛神赋》的“凌波微步，罗袜生尘”，也就联想到洛神，因而形象就更美丽、更生动。

5. 还有一种优点，用旧话说是雅驯，用新话说是委婉。看下面的例：

(4) 载舟覆舟，所宜深慎。(魏徵《谏太宗十思疏》)

(5) 三省捧手对曰：“愿学焉！”(胡三省《新注资治通鉴序》)

(6) 虽素不识面者，听入平视。(袁枚《随园诗话》卷十二)

例(4)，“载舟覆舟”引用《荀子·王制》“君者舟也，庶人者水也，水则载舟，水则覆舟”，以表达君主切不可胡来。例(5)，“愿学焉”引用《论语·先进》“非曰能之，愿学焉”，以表达敢于承担任务。例(6)，“平视”引用《三国志·刘桢传》注引《典略》所记刘桢细看甄氏因而得罪的故事，以表达可以随意看妇女（这在旧时代是违反礼俗的）。像这类情况，如果不用典，话就容易说得太率直，使听者不愉快。

6. 可以表难言之隐，抒难写之情。有些事牵涉到政治或权贵，触犯了会丧生、受难；有些事牵涉到礼俗或情面，触犯了会失礼、丢脸，都难于明说。但又想说，怎么办？用典是个好办法，至少是个可行的办法。这方面的情况过于复杂，可举的例子很多，这里只举两个突出的，各代表一个类型。一个是陶渊明的一首怪诗《述酒》，博雅如黄山谷，也说“其中多不可解”，到南宋汤汉才详细注出来，原来是为哀悼晋恭帝被刘裕杀害而作。试想，当时正是刘裕的天下，如果不大量用典而直说，那还不送了命吗？另一个是据传清初陈子龙嘲笑钱谦益的一首诗，题目是《题虎丘石上》，诗云：“入洛纷纷兴太浓，莼鲈此日又相逢。黑头早已羞江总，青史何曾用蔡邕。昔去幸宽沉白马，今归应愧卖卢龙。最怜攀折章台柳，憔悴西风问阿侬。”全诗八句都用典，一用《晋书·陆机传》（北上往洛阳求官），二用《晋书·张翰传》（辞官回江南），三用杜甫《晚行口号》“远愧梁江总，还家尚黑头”（意思是还故土时尚不很老），四用《后汉书·蔡邕传》（邕被王允投入狱，求修史不得），五用《新唐书·裴枢传》（枢被朱全忠遣人杀于白马驿，投尸于河），六用《三国志·田畴传》（畴向曹操献计，兵出卢龙塞，攻入畴的乡土），七、八用唐人小说许尧佐《柳氏传》中韩翊（应作"翃"）与柳氏赠答诗（章台柳，章台柳，昔日青青今在否？……），以写钱谦益于明亡前后应死不死，投降清朝奔赴北京，不如意又回到江南，老了，多年想修史终于落了空，而在他离开家的时候，夫人柳如是却另有所欢种种事。像这样的内容，不用典写出来就太难堪了。

四

各种文言典籍用典多少，情况也相当复杂。可以分别从三个角度看。

1. 因时而不同。大体上说，时代靠前用典少，靠后用典多。所以这样，有客观的必然，有主观的必然。典籍是人作的，随着时间的延续，人时时在出生，典籍也时时在增加。虽然经过天灾人祸以及自然淘汰，典籍散失不少，但总是底子越来越厚，典故的库存越来越多。库存越来越多的结果自然是用典越来越多，这是客观的必然。还有主观的必然。举唐诗宋词为例，以盛唐的王维与晚唐的李商隐相比，以北宋的晏殊与南宋的吴文英相比，都是时代靠后的用典比较多。这是因为重翻老调难于出奇制胜，难于显示自己有才有学，于是就求深，求曲，求藻饰，这办法之一（也是主要的）就是多用典。此外还有一种情况，介于客观、主观之间，或说是兼有客观、主观的成分，是群起效尤，积重难返。这有如楚王好细腰，真美也罢，假美也罢，结果总是越勒腰越细。

2. 因人而不同。同时代的两个人，经历不同，学识不同，思想不同，因而文风可能有很大差别。文风的不同也表现在用典的多少上。如同是晚唐诗人，李商隐比杜牧用典多；同是明末清初的学者，钱谦益比顾亭林用典多。

3. 因文体而不同。文体，有大差别，如子书和史书，散文和诗词；有小差别，如史论和策论，古诗和律诗。花样太多，只能略举一隅。概括地说是偏于应酬的求藻丽的文体用典多，偏于经世的求平实的文体用典少。例如子、史与集部相比，前者用典少，后者用典多。骈文（如王勃《滕王阁序》）与散文（如韩愈《师说》）相比，前者用典多，后者用典少。（同一个人的作品也是这样，如宋应星《天工开物》，序是骈体，通篇用典；本文散体，几乎不用典。）同是散体，如苏东坡的文章，议论与书札相比，前者用典少，后者用典多。诗、词、曲相比，诗比词用典多，词比曲用典多。同是诗，律诗比古诗用典多；同是律诗，七律比五律用典多。此外，有些文章是游戏性的，也常常喜欢多用典，如马中锡《中山狼传》和蒲松龄《聊斋志异·胭脂》末尾的判词就是。

时、人、文体三个条件复杂错综，有时候这一个条件起主导作用，有时候那一个条件起主导作用，因而某人某文究竟用典多少，常常不是悬揣所能判定的。

五

用典，由明显的程度方面看，可以分作两大类：一是明用，二是暗用。明用、暗用之间也有分界问题，幸而关系不大，可以不管。

先说明用的各种情况。看下面的例：

（1）《诗》云："如切如磋，如琢如磨。"（《论语·学而》）

（2）《书》不云乎？"好问则裕。"（刘开《问说》）

（3）孟子曰："术不可不慎。"信夫！（方苞《狱中杂记》）

（4）老子疾伪，故称"美言不信"。（刘勰《文心雕

龙·情采》)

例(1),引文见《诗经·卫风·淇奥》;例(2)见《尚书·仲虺之诰》;例(3)见《孟子·公孙丑上》;例(4)见《老子》第八十一章。这些都是指出具体出处,虽然便于读者,但在用典的事例中,尤其后代,比较少见。

(5)传曰:“天不为人之恶寒而辍其冬……”(东方朔《答客难》)

(6)古人云:“死生亦大矣。”(王羲之《兰亭集序》)

(7)殷因夏,周因殷,继周之损益,百世可知,圣人盖已预言之矣。(马端临《文献通考序》)

(8)而曰言之不文,行之不远云者,……(王安石《上人书》)

例(5),引文见《荀子·天论》,文字不尽同(以下这类情况常见,不一一注出);例(6)见《庄子·德充符》;例(7)见《论语·为政》;例(8)见《左传》襄公二十五年。这些是泛泛地指出有出处,在后代用典的事例中也比较少见。

（9）所谓诗人丽则而约言，辞人丽淫而繁句也。（刘勰《文心雕龙·物色》）

（10）臣闻五音令人耳不聪，五色令人目不明。（陆凯《谏吴主皓疏》）

（11）如优孟摇头而歌。（黄宗羲《柳敬亭传》）

例（9），引文见扬雄《法言·吾子》；例（10）见《老子》第十二章；例（11）见《史记·滑稽列传》。这些虽然没有明白表示有出处，可是由“所谓”“闻”“如”的口气中也能看出是用典。

（12）夫桃李不言而成蹊，有实存也。（刘勰《文心雕龙·情采》）

（13）盖儒者所重，尤在于名实。（王安石《答司马谏议书》）

（14）人亡弓，人得之，又胡足道？（李清照《金石录后序》）

例（12），引文见《史记·李将军列传》：“桃李不言，下自成蹊。”例（13）见《孟子·告子下》：“先名实者，为人也。”例（14）见《孔子家语·好生》：“人遗弓，人得之。”这些比上一类更隐晦，但由口气中也可以推断十之八九是用典。

再说暗用。暗用是不表示用典而用典，也有各种情况。看下面的例：

（15）鬼之为言归也。（《汉书·杨王孙传》）

（16）人生几何？离阔如此！（白居易《与元微之书》）

（17）既睹其人，则瞻之在前，忽焉在后。（《后汉书·黄宪传》）

（18）阳平公融谏曰：“知足不辱，知止不殆。……”（《资治通鉴》卷一〇四）

这些都是整体引用：例（15）见《尔雅·释训》；例（16），“人生几何”见曹操《短歌行》；例（17），“瞻之在前，忽焉在后”见《论语·子罕》；例（18），“知足不辱，知止不殆”见《老子》第四十四章。

（19）逝者如斯，而未尝往也。（苏轼《赤壁赋》）

（20）寻一牛田，营五亩之宅。（元好问《送秦中诸人引》）

（21）人非生而知之者，孰能无惑？（韩愈《师说》）

（22）伤心桥下春波绿，曾是惊鸿照影来。（陆游《沈园》）

这些都是部分引用：例（19）是引用《论语·子罕》“逝者如斯夫，不舍昼夜”；例（20）是引用《孟子·梁惠王上》“五亩之宅，树之以桑”；例（21）是引用《论语·季氏》“生而知之者，上也”；例（22）是引用《洛神赋》“翩若惊鸿，婉若游龙”。

（23）言隐荣华，殆谓此也。（《文心雕龙·情采》）

（24）有二军将……号虎冠。（高启《南宫生传》）

（25）盖尝慨然有江湖之思。（陆游《烟艇记》）

（26）室唯四壁。（孟棨《本事诗·情感》）

这些是略改字引用：例（23），《庄子·齐物论》作“言隐于荣华”；例（24），《史记·酷吏列传》作“其爪牙吏，虎而冠”；例（25），潘岳《秋兴赋》作“有江湖山薮之思”；例（26），《汉书·司马相如传（上）》作“家徒四壁立”。

（27）知君侯推赤心于诸贤腹中。（李白《与韩荆州书》）

（28）外人颇有公孙布被之讥。（司马光《训俭示康》）

（29）他日趋庭，叨陪鲤对。（王勃《滕王阁序》）

（30）可以其似赋而谓之雕虫乎？（苏轼《答谢民师书》）

这些是随意组织引用：例（27），《后汉书·光武帝纪》作“推赤心置人腹中”；例（28），《汉书·公孙弘传》作“弘位在三公，奉（俸）禄甚多，然为布被，此诈也”；例（29），《论语·季氏》作“尝独立，鲤趋而过庭，曰：‘学《诗》乎？’……”；例（30），《法言·吾子》作“或问：‘吾子少而好赋？’曰：‘然，童子雕虫篆刻。’俄而曰：‘壮夫不为也。’”

从数量方面看，典故明用，先秦时期不少；时代越靠后，暗用的比例越大；在暗用中，部分引用和随意组织引用的比例比较大。

以上所举都是规规矩矩地引用。有时（相当少）还会出现不规矩的情况。大致说有三种：一是反用，如“昼锦堂”是反用《汉书·项籍传》“富贵不归故乡，如衣锦夜行”；“来今雨轩”是反用杜甫《秋述》“寻常车马之客，旧雨来，今雨不来”。二是断章取义用，如“后来居上”，《史记·汲黯传》“陛下用群臣，如积薪耳，后来者居上”，意思是后来者不当居上，现在只取“后来者居上”几个字，解为应当居上；“宴尔新昏”，《诗经·邶风·谷风》“宴尔新昏，以我御穷”是女怨男喜新厌旧，现在只取“宴尔新昏”几个字，解为新婚之乐（洪迈《容斋五笔》卷八曾指出此事，见《承习用经语误》条）。三是误用，如沈括《梦溪笔谈》卷四曾指出，后人根据颜延年诗“一麾乃出守”，谓守郡为“建麾”是错误的，因为原诗中“麾”是指麾之麾，不是旌麾之麾；又如成语“心如死灰”是贬义，《庄子·齐物论》“心固可使如死灰”原来却是褒义。

六

用典，由理解难易方面看，情况也各式各样。以下分作五项说。

1. 有不少典故因为常用，凝缩为现代汉语的词或成语。如：

革命，出于《易经·革卦》“汤武革命”。

交代，出于《左传》庄公八年“及瓜而代”。

谈天，出于《史记·孟子荀卿列传》集解引刘向《别录》记齐人驺衍事。

莫须有，出于《宋史·岳飞传》记秦桧说的“其事体莫须有”。

少见多怪，出于《牟子》“少所见，多所怪”。

明哲保身，出于《诗经·大雅·烝民》“既明且哲，以保其身”。

朝三暮四，出于《庄子·齐物论》“朝三而暮四”。

画蛇添足，出于《战国策·齐策二》画蛇加足输酒的故事。

这类词和成语大家习用，人人都理解（意义容或与原出处不尽同），当然用不着搜求出处；由使用者的心情方面看，也可以不算用典。

2. 虽系用典而容易理解，我们可以称之为“可解”。

如：

（1）伤哉贫也！（《天工开物序》）

（2）可与知者道，难与俗人言也。（苏轼《答谢民师书》）

（3）百姓孰敢不箪食壶浆以迎将军者乎？（《三国志·诸葛亮传》）

（4）此则才行事迹，莫不阙如。（刘知几《史通·叙事》）

例（1）是引用《礼记·檀弓下》；例（2）是引用司马迁《报任安书》；例（3），“箪食壶浆”是引用《孟子·梁惠王上》“箪食壶浆以迎王师”；例（4），“阙如”是引用《论语·子路》“君子于其所不知，盖阙如也”。像这些，即使我们不知道是用典，或者疑惑是用典而不知道出处，还是能够正确理解的。

3. 用典而字面不很晦涩，可以望文生义；但所生之义不十分明确，只是“半解”。如：

（5）莫不闻陇水而掩泣，向关山而长叹。（庾信《哀江南赋》）

（6）一登龙门，则声誉十倍。（李白《与韩荆州书》）

（7）是则埋吾血，千年而碧，不可灭者矣！（全祖望《阳曲傅先生事略》）

（8）酌贪泉而觉爽，处涸辙以犹欢。（王勃《滕王阁序》）

例（5），“闻陇水而掩泣”引用古诗《陇头歌》“陇头流水……涕零双堕”；例（6），“登龙门”引用《后汉书·李膺传》“士有被其容接者，名为登龙门”；例（7），“埋吾血，千年而碧”引用《庄子·外物》“苌弘死于蜀，藏其血，三年而化为碧”；例（8），“酌贪泉”引用《晋书·吴隐之传》隐之饮贪泉而不变心的故事，“处涸辙”引用《庄子·外物》车辙中鲋鱼求救的故事。像这些，我们不知道出处虽然也能得其仿佛，但总是雾里看花，隔靴搔痒，不如知道出处理解得确切、深刻。

4. 更进一步还有“难解”的。如：

（9）臧氏之子也。（高启《书博鸡者事》）

（10）数赐见临，倾盖如故。（苏轼《答谢民师书》）

（11）情在骏奔，自免去职。（陶渊明《归去来兮辞》）

（12）凡此类，知者遇之。（王夫之《姜斋诗话》卷下）

例（9），“臧氏之子”引用《孟子·梁惠王下》“臧氏之子焉能使予不遇哉”；例（10），“倾盖”引用《孔丛子》“孔子与程子相遇于途，倾盖而语”；例（11），“骏奔”引用《诗经·周颂·清庙》“骏奔走在庙”；例（12），“知者遇之”引用《庄子·齐物论》“万世之后，而一遇大圣知其解者，是旦暮遇之也”。像这些，如果不知道出处，透彻理解就很难了。

5. 在比较少的情况下，不知道出处还会“误解”。如：

（13）愿言之怀，良不可任。（曹丕《与吴质书》）

（14）不然，臣有赴东海而死耳。（胡铨《戊午上高宗封事》）

例（13），“愿言”引用《诗经·邶风·二子乘舟》“愿言思子，中心养养”；例（14），“赴东海而死”引用《战国策·赵策三》“则连有赴东海而死矣，吾不忍为之民也”。像这类说法，如果不知道出处，很可能把“愿言”理解为愿意见面谈谈，“赴东海而死”理解为真要用投海的办法自杀，那就错了。

七

由上一节分析的五种情况，我们自然会想到：对于用典，有时候可以不搜求出处，但是知道总比不知道好；更多的时候是不能不搜求出处，因为不知道出处就不能确切理解。搜求出处是个麻烦事，但是，用典是古人的自由，他们已经“自由”了，我们欢迎也罢，不欢迎也罢，既要读文言，就不能不捏着头皮对付这个困难。怎么办呢？

初步而省力的办法是借风驶船。“风”的一种是“注解”。旧时代的典籍，尤其传统认为重要的，有不少是有注解的。用今天的眼光看，注解可以分为两类：一是昔人作的，二是今人作的。昔人作的注解，性质各式各样：有的偏重训释，如时代早的经、子的传注；有的偏重汇集史料来对证，如《三国志》和《世说新语》的注解；有的偏重探寻词语的本原，如时代靠后的很多注解。今人作的注解，意在讲明原文的意义，所以既要顾及训释，又不能忽略探寻词语的本原。所以今人的注解比昔人的便于使用。近年来，今人在整理古籍、注释（或选注）古籍方面做的工作不少，成就相当大。学习文言，可以多利用这方面的材料（这里不能具体介绍）。参照注解读古籍，就当时说可以省查寻之劳，就长远说可以积累熟悉古典的资本，可谓一箭双雕。没有今人注解的典籍，也要尽先读有昔人注解的（初学自然会感到困难，因为是用文言注的），乘笨重的车总比步行省力。

“风”的另一种是“工具书”。读文言多了，我们总会碰到没有注解的（多数还没有标点），那就要靠自己查了。工具书，内容相当复杂，常用的不下几十种，留待末尾附录《工具书举要》部分介绍，这里只提一下最常用的，是《辞源》和《辞海》（都有新旧两种版本）。专就查寻典故出处这个要求说，这两部书都嫌简略；但是旧时代文人习用的，不很偏僻的，绝大部分可以从其中查到。读文言典籍，要养成勤翻辞书的习惯，这有如渔夫，常在河滨混，对于鱼的出没情况就会不经意而知之。

其次，记典故，积累资本，也要知道轻重先后。就旧时代的典籍说，有的多为人引用，有的少为人引用。如同样性质的书，时代靠前的（如《史记》）比时代靠后的（如《明史》）多为人引用。又如同是经，《诗经》为人引用多，《仪礼》少；同是子，《庄子》多，《管子》少；同是六朝作品，《世说新语》多，《洛阳伽蓝记》少。常为人引用的要多注意，多记。就典故说，大家习用的要多注意，多记，过于冷僻的可以放松一些。记的方法，因各人的资质和习惯不同而可以灵活：写卡片当然好；记忆力强，装在脑子里也未尝不可。

以上是说由读而熟悉，而积累。还有由查而来的熟悉和积累。查，牵涉到使用工具书的问题，留到后面介绍，这里只说说查寻时可能遇到因而应当注意的一些情况。

1. 查寻，先要知道是不是用典，这在前面已经谈过一些。这里补充说一种情况，是在算不算的两可之间。例如：

（1）故仆志在兼济，行在独善。（白居易《与元九书》）

（2）地势极而南溟深。（王勃《滕王阁序》）

例（1）是不是引用《孟子·尽心上》“穷则独善其身，达则兼善天下”呢？例（2）是不是引用《庄子·逍遥游》“海运则将徙于南冥”呢？像是若即若离，所以两种可能都有。遇到这种情况，我的想法，为了减少麻烦，不算用典也好。

2. 有时候，看似用典却并非用典，查寻就会白费力。如《老学庵笔记》卷八记一个故事，苏东坡作论文，其中有这样的话：“皋陶为士，将杀人，皋陶曰杀之三，尧曰宥之三。”欧阳修看到，以为系用典，但不知出于何书，问苏东坡，苏说：“何须出处！”写文章，词句千变万化，自然难免个别地方太古奥，像是用典。幸而这样的时候不多，但我们也要警惕，以免上当。

3. 有时候，查不到在所难免，不可要求有求必应。查不到的原因各式各样，常见的有三种。一是不管工具书内容如何详细，终归不能把古代典籍都装在里面，因而有些典故查不到是自然的。二是古代典籍陆续散失，前人见到的我们未必能见到，因而他们引用了我们却不能找到，如苏轼《石钟山记》曾引《水经》“彭蠡之口有石钟山焉”的话，可是今本《水经注》里没有这句话。三是典故的来源来偏僻，太曲折，也就难于唾手而得，如清代目录学家黄丕烈别号“廿止醒人”，如果他自己不解释，谁能想到是用陶渊明《止酒》诗中恰好有二十个“止”字呢？

4. 同一典故，出处可能不止一个。如“刍狗”，《老子》《庄子》里都有。又如前引《庄子·至乐》的“绠短者不可以汲深”，又见《荀子·荣辱》：“短绠不可以汲深井之泉。”再如“士为知己者死，女为悦己者容”，既见《战国策·赵策一》，又见《史记·刺客列传》和《报任安书》（“死”作“用”）。

5. 出处不止一个，有时有选用的问题。如“倾城”指美色，引《诗经·大雅·荡·瞻卬》“哲夫成城，哲妇倾城”，不如引《汉书·外戚传》李延年歌“北方有佳人……一顾倾人城”。又如吴梅村《圆圆曲》“家本姑苏浣花里”，陈寅恪曾指出，靳荣藩《吴诗集览》注为杜少陵之浣花里是错的，应注薛涛之浣花里。（见《柳如是别传》第四章，七五〇页，上海古籍出版社。）

6. 所谓出处，自然指最早出现的，但古籍浩如烟海，有时颇难断定某出处是不是最早。如注“酒船”，一般是引《晋书·毕卓传》：“卓尝谓人曰：‘得酒满数百斛船，四时甘味置两头，右手持酒杯，左手持蟹螯，拍浮酒船中，便足了一生矣。’”其实以前的《三国志》里已经有类似的说法，《孙权传》黄武元年注引《吴书》：“郑泉，字文渊，陈郡人……而性嗜酒，其闲居每曰：‘愿得美酒满五百斛船，以四时甘脆置两头，反复没饮之……不亦快乎！’”又如成语“杯水车薪”，一般认为出于《孟子·告子上》“犹以一杯水救一车薪之火也”，可是洪迈《容斋三笔》卷十五说：“予读《文子》，其书有云：‘水之势胜火，一勺不能救一车之薪……’文子，周平王时人，孟氏之言盖本于此。”再如苏东坡曾写这样两句诗：“记取醉翁（按为欧阳修的别号）语，山色有无中。”《老学庵笔记》卷六说：“‘水流天地外，山色有无中’，王维诗也。……欧阳公长短句云：‘平山阑槛倚晴空，山色有无中。’……东坡先生乃云……则似谓欧阳公创为此句，何哉？”（钱大昕《十驾斋养新录》卷十八“古语多有本”条曾谈此情况。）

此外还会遇到形形色色的问题，既难逆料，也就只好相机处理了。总之，读文言典籍，理解典故是个费时费力的事，不能要求一蹴而成。不过，只要我们能勤，又有耐心，多查多记，长时积累，困难总是可以逐渐减少的。

最后提一下，文言作品中用典，并不处处都合适。例如清朝赵翼《瓯北诗话》卷九曾评论吴梅村有时用典不当：“如《永和宫词》咏田贵妃事有云：‘闻道群臣誉定陶，独将多病怜如意。’本谓田妃有子慈焕，因宠特钟爱，故以赵王如意为喻。然定陶，汉成帝从子，入继正统；崇祯帝自有太子，何必以定陶作衬？且太子久定，嫡庶间并无参商，何必以如意为比？……《杂感》内‘取兵辽海哥舒翰，得妇江南谢阿蛮’，本以降将哥舒翰比吴三桂，然翰无取兵辽海之事；以阿蛮比圆圆，然阿蛮本新丰人，非江南产。”世间人所做，任何事都有巧拙高下之分，就是高明如吴梅村，千虑也难免一失。千虑一失之外，还有明知故犯的误用，顾炎武《日知录》卷二十一《诗人改古事》条：“李太白《行路难》诗‘华亭鹤唳讵可闻，上蔡苍鹰安足道’，杜子美《诸将》诗‘昨日玉鱼蒙葬地，早时金碗出人间’，改黄犬为苍鹰，改玉碗为金碗，亦同此病。”此外还会有种种用典不恰当的情况。不过我们这里是谈讲读文言，不是研讨怎样写，典用得不合适，自然不必引为殷鉴，所以也就不多说了。

五　费解一斑

讲读文言，有时会遇到“费解”的情况。这里所谓费解，与古旧词汇、典故、名物等，非查考不能确定其含义的情况不同。古旧词汇等的理解，是不熟悉文言，因生疏而感到的困难。费解是即使熟悉文言，常常也会感到莫名其妙的困难。费解有各种情况，对待的办法自然也要随性质的各异而有不同。下面谈谈常见的一些，作为举例，供同志们讲读文言时参考。

1. 古代传本有误字。五代以前书籍都是写本，其流传自然免不了要辗转抄写。抄写，有时因为字形相近，如常说的“鲁鱼亥豕”，就是因为一时大意，把字写错了。通达的人自己抄写、修改，也难免一时大意，发生笔误。由先秦到五代，这样延续了一两千年，时至今日，想知道古文献的真面目就很难了。非真面目，可以讲通也就罢了。有的则不然。例如：

（1）《论语·乡党》：“色斯举矣，翔而后集。”汉人注和宋人注都说这是讲飞鸟的情况，前半翻译成现在的话是，鸟一“色”就飞起来，这是怎么回事呢？《论语注疏》引马融说是“见颜色不善则去之”，朱熹《论语集注》说得详细一些，是“鸟见人之颜色不善则飞去”。这样解有两点说不通：一是事实上鸟不会这样机警；二是即使能这样机警，按文言习惯也不当这样说。总之，虽然像是讲通了，终归不能不使人感到，恐怕是牵强附会。以前看到商承祚先生的文章，说“色”本当作“危”，因古文字形近而误。这样推断虽然没有版本上的根据，比原来的“色”却是合情合理了。

（2）《史记·货殖列传》：“富者得势益彰，失势则客无所之，以而不乐，夷狄益甚。”“以而不乐”的“以”很难讲，裴骃《集解》、司马贞《索隐》等都没有注，日本泷川龟太郎《史记会注考证》有注，是：“吴乘权曰：‘以，已，同，言失其富厚之实，则无所附而不乐。’中井积德曰：‘以而不乐句，似有脱误。’”两种解释，后一种以不知为不知显然好一些，因为“已而不乐”意思同样不明确。像这种地方，与其曲为之解，倒不如假定它有误字。

有误字，本来面目隐去，因而费解。为了得其确解，当然最好能够找回本来面目，清朝有些汉学家就喜欢这样做。但这常常不容易，并且，如果搞不好，还会使人疑为异想天开。因此，比较稳妥的办法是根据上下文，取其大意；对于个别难讲的词语，只得安于存疑。

比误字更复杂的还有错简、经注混淆等情况，因为涉及校勘学的范围，过于专门，这里不谈。

2. 可能是通假，因为罕见，不能确定是通什么，成为费解。我们现在说话或写作，遣词造句要求规范化。古人不要求这样，或者根本不知道这样。并且，由于地域不同，传承不同，个人书写习惯不同，同一个词可以有不同的写法。这不同的写法，有的常用，谁见到都认识，都理解。有的不然，不是人人都认识，都理解。为了变难解为易解，我们说后者的什么字“通”前者的什么字。有少数或极少数，我们不知道通什么，这就成为费解。例如：

（1）《论语·述而》：“文莫吾犹人也，躬行君子，则吾未之有得。”“文莫”难讲，《论语注疏》说：“莫，无也。文无者，犹俗言文不也。文不吾犹人者，凡言文皆不胜于人。”《论语集注》说：“莫，疑辞。犹人，言不能过人而尚可以及人。”宋人的解释比汉人像是简明一些，不过变叙述口气为疑问口气，其失与汉人正是一样：汉人是乱说，宋人是错说。清朝刘台拱《论语骈枝》说：“杨慎《丹铅录》引晋栾肇《论语驳》曰：‘燕齐谓勉强为文莫。’”近人朱起凤作《辞通》，把“文莫”归入“黾勉”条，认为“黾勉”“文莫”“僶勉”“闵免”“侔莫”“密勿”等是同一个词的不同写法。这样，“文莫吾犹人也”就成为“说到努力，我和旁人是一样”，这就显得清通而易解了。

（2）《史记·陈丞相世家》：“上曰：‘苟各有主者，而君所主者何事也？’平谢曰：‘主臣！……’”“主臣”这个说法很怪，《集解》这样解释：“张晏曰：‘若今人谢曰惶恐也。’马融《龙虎赋》曰：‘勇怯见之，莫不主臣。’孟康曰：‘主臣，主群臣也，若今言人主也。’韦昭曰：‘言主臣道，不敢欺也。’”根据马融《龙虎赋》，可以断定孟康和韦昭的解释一定是错的。可是为什么用“主臣”来表示惶恐呢？王先谦《汉书补注》说：“盖对主称臣，惶恐意自见。”（《张陈王周传》）仍是孟康和韦昭那样望文生义，难以说服人。其实，像这样的说法，我们无妨怀疑它是某两个字的通假字，因为不知道怎样通法，所以成为费解了。

像这类的费解，能够搞清楚通什么当然好。如果不能，就最好根据上下文推定其大致的意义；至于如此说的所以然，安于不求甚解也未尝不可。

3. 说法模棱，难知其确定意义。这里所谓模棱，是指想说明白并应该说明白而没说明白的。语言中还有故意不说明白的，如隐语，本来就不想让局外人了解。其他如《易经》的卦辞爻辞，预言性的民谣，禅宗语录的所谓机锋等，或者意在解释时可此可彼，或者意在以玄虚充高妙，都不愿意说得一清二楚。与故意不说明白相近的还有一种情况，是由于内容难说或欲神其说，于是用玄而曲的词语表达，自以为意思明确，但一般读者却感到莫知所云。如包世臣《艺舟双楫》谈笔法，引黄乙生的话是“唐以前书皆始艮终乾，南宋以后书皆始巽终坤”就是此类。这类费解的说法多见于专业典籍，通专业的人也许以为并不难解，所以也可以不归入模棱一类。没有必要含糊其辞的文字，有时由于笔下不用心，或者求委曲，会出现费解的情况。例如：

（1）《搜神记·三王墓》条讲干将莫邪铸剑的事，干将被楚王杀害前遗言说到藏雄剑的地方是：“出户望南山，松生石上，剑在其背。”“其”指松呢，还是指石呢？不管指松还是指石，它的“背”是什么处所？如果叫我们去找，我们一定觉得这遗言太不清楚了。

（2）龚自珍为上海藏书家李筠嘉作《上海李氏藏书志叙》，于讲完藏书的源流以及李氏藏书之精博以后，结尾表示赞颂之意说：“吾生平话江左俊游宾从之美，则极不忘李氏。东南顾，翛翛踞天半矣哉。”“东南顾”指作者自己的活动大概没问题；是什么“翛翛踞天半”呢？人？书？不管是人还是书，怎么能够“踞天半”呢？龚自珍写文章总想不同凡响，于是求奇；至于奇到读者莫名其妙，也总是过犹不及了。

像这类的模棱，我们不能起作者而问之，也只能根据上下文猜测其大意，安于不了了之。

4. 故作艰涩，过了分，因而成为费解。读书人十年寒窗，学有所得，有时难免希望为人所知，于是不知不觉而喜欢炫学。炫学的方式很多，其中之一是写文章避平易而趋艰涩，或出奇制胜，这过了头就很容易流于费解。例如：

（1）唐朝有个樊宗师，能写文章。韩愈很器重他，他不得志的时候向朝里推荐，死后为他作墓志铭。传世的作品只剩三两篇，其中《绛守居园池记》非常有名，原因是，或主要是艰涩到断句都很难。博雅如欧阳修，作《绛守居园池》诗也说：“一语诘曲百盘纡”，“句断欲学盘庚书”，“以奇矫薄骇群愚”，“我思其人为踌躇”。后人当然就更望而生畏。于是有不少人想费力诠解，单是为人“句读”的就不止一家。为了说明问题，我们看看开头较浅易的三行：

绛即东雍为守理所禀参实沉分气蓄两河润有陶唐冀遗

> 风余思晋韩魏之相剥剖世说总其土田士人令无硗杂搅宜得地形胜泻水施法岂新田又蒙猥不可居州地或自古兴废人。（明钱谷抄《游志续编》本，原即无断句）

说它欲学《尚书·盘庚》还是太客气了；实事求是，应该说虽然满纸是汉字，连起来却不知所云。

（2）明朝后期，以袁宏道兄弟为首的公安派反前后七子的复古，创为清新流利之体。日子长了，因平易而人视为浮浅，于是钟惺等竟陵派想以幽深来补救，却一滑而成为晦涩。其后刘侗、于奕正的《帝京景物略》变本加厉，如卷八《上方山》条：

> 地生初，岩壑具已。其为怀襄，荡荡汤汤，其为天龙神物，倾塌排触，孰测所然欤？人游游处处，言言语语，山受名伊始焉。有初古名者，有傍幽人炼士名、以名者，有都邑郊焉、近晚名者，有人古莫至、山今未名者。名不厌熟，山不厌生，至不若所不至者深矣。（文字、标点依北京古籍出版社本）

这是可以直说而曲说，可以浅说而深说，内容本来平常，却使人感到如雾里看花，似可解而又煞费思索。

像这样因故作艰涩而费解的文字，幸而内容典重的不多，看看，知道有此不足为训的一格自然也好；如果不愿意在这方面多费心思，似乎略而不读也无不可。

5. 因行文过简，没有把应该说清楚的内容交代清楚，也会造成费解。例如：

（1）《左传》僖公三十三年：“秦伯素服郊次、乡师而哭曰、孤违蹇叔、以辱二三子、孤之罪也、不替孟明、孤之过也、大夫何罪、且吾不以一眚掩大德”（为了表示费解的情况，只断句）问题出在“不替孟明”上。“不替”是“不撤换”的意思。照文理，“不替孟明”和“孤之过也”像是连续说的，可是这样读，意思显得离奇。其一，派孟明出师袭郑是秦伯自己干的，孟明不能负责；其二，上文也没有提到应撤换而未撤换的事；其三，如果是说现在，你撤换他也就罢了，何必再犯一回过呢？这个疑团，清朝王引之《经义述闻》卷十七记他父亲王念孙的意见，解释说，据《文选·西征赋》注，断定“不替孟明”是《左传》作者的插说，意在交代一下对此事的处理，因为孟明无过，所以不撤换他；其下应有“曰”字，之后才是秦伯的话。这样考索，合情合理；只是就原文说，未免简得太过了。

（2）归有光《项脊轩志》："吾妻归宁，述诸小妹语曰：'闻姊家有阁子，且何为阁子也？'"说"归宁"，话像是在娘家说的；看下文，话又分明是回婆家以后说的。意思缠夹，问题出在少说一个"返"字；如果写为"吾妻归宁返"，不就云消雾散了吗？

像这类的费解，我们无妨根据上下文，试着增补一些字；这虽然未必能够百分之百合于原意，只要化不合情理为合情理，也就可以满足了。

6. 为了表达难言的感情或不好直说的思想，有时不得不隐约其辞。这样写出来，读者看到，如捞水中月，像是摸到一点什么，再一想又似是而非，因而成为费解。这种情况大多见于诗词。例如：

（1）李商隐《碧城三首》的第一首："碧城十二曲阑干，犀辟尘埃玉辟寒。阆苑有书多附鹤，女床无树不栖鸾。星沉海底当窗见，雨过河源隔座看。若是晓珠明又定，一生长对水精盘。"辞藻、声韵都很讲究，读时甚至有很美的感觉，可是究竟是什么意思呢？正如冯浩注所说，"向莫定其解"。

（2）纳兰成德《鹧鸪天》："马上吟成鸭绿江，天将间气付闺房。生憎久闭金铺暗，花笑三韩玉一床。添哽咽，足凄凉，谁教生得满身香。至今青海年年月，犹为萧家照断肠。”（文字依自写字幅）“间气付闺房”，“生得满身香”，显然有所指，可是指什么呢？难以捉摸。

像这类的费解，一定要弄清楚底蕴自然很难；不过思想感情的大致情况还是可以由字里行间窥察到的，只要八九不离十，阅读时能够心通而获得一些同感，也就够了。

7. 由于修辞的要求，或立异以为高，有时偏偏不照语言习惯说，因而成为费解。例如：

（1）江淹《别赋》：“是以别方不定，别理千名；有别必怨，有怨必盈；使人意夺神骇，心折骨惊。”“心折骨惊”费解，因为可折的是骨，不是心；能惊的是心，不是骨。应该说“骨折心惊”而颠倒说，大概是为了求奇，结果就成为不合情理。

（2）杜甫《秋兴八首》之八：“昆吾御宿自逶迤，紫阁峰阴入渼陂。香稻啄余鹦鹉粒，碧梧栖老凤凰枝。……”后两句同“心折骨惊”一样，也是因为词语换位而成为费解：“香稻”怎么能去“啄”呢？“碧梧”怎么能去“栖”呢？应该说“鹦鹉啄余香稻粒，凤凰栖老碧梧枝”而偏偏颠倒，有人说妙就妙在这里，仁者见仁，智者见智，可以不必争论；至于读者，因此而不得不多费心思，总是个小损失吧？

像这类的费解，原因比较显而易见，按照语言习惯，把颠倒的文字顺过来解释就可以了。

8. 话说得含糊，或应该详细具体而没有详细具体，因而可通的解释不止一种，甚至很难断定哪一种对，于是因有歧义而成为费解。例如：

（1）杜甫《羌村三首》之二："晚岁迫偷生，还家少欢趣。娇儿不离膝，畏我复却去……""畏我复却去"，有人理解为"娇儿怕我又离开家"，有人理解为"娇儿因我面色不好而害怕，又从我跟前跑开了"。这个问题近年来争论得很热闹，双方都有不少理由，都有不少支持者，经过多少回合，似乎到现在仍然难分胜负。其实问题就出在歧义上，有歧义，得其确解自然就不容易了。

（2）方苞《狱中杂记》："余同系朱翁、余生及在狱同官僧某，遘疫死，皆不应重罚。""同官僧某"的"同官"，可以理解为地名，也可以理解为同一官署的同事；"僧某"可以理解为姓僧的某人，也可以理解为和尚某人（这样理解，"同官"只能作地名讲）。就全文的主旨说，这四个字怎样理解关系不大；不过就"辞达而已矣"的要求说，这样简略带过总是不合适的。

像这类的费解，如果两种解释略有高下之分，那就可以择善而从；如果难定高下，那就只好不左右袒而存疑了。

9. 记事文中的对话、书札之类，因为是向局内的对方说的，有些情节或事物能意会自然不必言传。这样的对话，到记事作者的笔下，大多经过修补。书札就不然，大多保持原样刻印成书，因而其中有些文字，局外的读者就会因为不知本事而莫明究竟，这也就成为费解。例如：

（1）钱谦益《钱牧斋尺牍·与冒辟疆》：“双成得脱尘网，仍是青鸟窗前物也。渔仲放手作古押衙，仆何敢贪天功？”最难解是“双成得脱尘网”一句：“双成”是什么人？怎么脱了尘网？原来这是说的冒辟疆娶董小宛一事，所谓渔仲曾助银一千两，钱谦益和柳如是也帮了忙，董小宛才得以落籍嫁人。传说西王母有侍女名董双成，所以这里用“双成”代姓董的女子。

（2）袁枚《随园尺牍·答杨笠湖》：“即佻达下流之随园见之，亦虽喜无害也。”书札中自谦是常事，自骂几乎没有，这里说自己“佻达下流”，很奇怪。及至看杨笠湖的来书，上面有这样的话：“不知有何开罪阁下之处，乃于笔尖侮弄如此。似此乃佻僿下流，弟虽不肖，尚不至此。”才知道原来是一句反话；如果不参考来书，就很难解释其原因。

像这类的费解，想解决，除了查考有关的资料以外，似乎没有什么省力的办法。

10. 有时候，一段文字，词句明明白白，可是考索其内涵，或者道理上有扞格，或者事实上不可能，总之是事理上不通，也就成为费解。例如：

（1）汪琬《江天一传》："而会张献忠破武昌，总兵官左良玉东遁，麾下狼兵哗于途……（天一）与狼兵鏖战祁门，斩馘大半……当狼兵之被杀也，凤阳督马士英怒，疏劾徽人杀官军状……"话都明白，可是总起来一琢磨，有两个问题不可解：一是狼兵是贵州一带土著的军队，左良玉由北方起家，怎么能够有狼兵？二是被杀的是左良玉部下，马士英为什么不止怒，还要劾？查《明史·金声传》："（崇祯）十六年，凤阳总督马士英遣使者李章玉征贵州兵讨贼，迂道掠江西，为乐平吏民所拒击。比抵徽州境，吏民以为贼，率众破走之。章玉讳激变，谓声及徽州推官吴翔凤主使，士英以闻。"才知道原来是这么回事，作者把左良玉和李章玉胡乱搅在一起了。

（2）宋濂《秦士录》："（秦士说）'弼亦粗知书，君何至相视如涕唾？今日非速君饮，欲少吐胸中不平气耳。四库书从君问，即不能答，当血是刃。'两生曰：'有是哉？'遽摘七经数十义叩之，弼历举传疏，不遗一言。复询历代史，上下三千年缅缅如贯珠。……（两生）归，询其所与游，亦未尝见其挟册呻吟也。”很少读书而能够背诵诸经传疏，精通历代史，显然是不可能的，因而这种夸大的说法是不可信的。

总观以上，文言中费解的情况也是各式各样，虽然数量未必很多，但它终归是一种性质特别的难点，以行路为喻，即使沿途大体平整，知道哪里有小坎坷还是有好处的。

末尾还应该说明一下，这里举例谈费解，是就初学文言或为初学讲文言说的。古书，尤其先秦的，难读是个老问题，历代治国学的人都多多少少接触到它，有些人并为此写成专书，如俞樾的《古书疑义举例》之类。不过这类著作比较专门，初学会感到艰深，等学文言有了根底，找来读读当然有益处。

六　择善而从

讲读文言，有时由于对照不同的版本，或者采用集注并有详细校记的版本，或者翻阅前人的校勘篇什，如顾炎武《日知录》、王引之《经义述闻》之类，会碰到文字、断句（标点）、解释间或不同的情况。怎么处理？下面举例谈谈这个问题。

（一）文字方面

五代以前，典籍都是靠辗转抄录流传下来的，流传的路径不同，字句就难得尽同，有的差得少，有的差得很多。刻版印刷术流行以后，诗文刻版以前，稿或经过改动，或经过传抄，或者同一内容而不止一种版本，文字也免不了彼此不同。我们讲读的时候，遇见这种情况怎么办？针对不同的情况，大致有三种办法。

先说第一种情况，是两种说法都通，不能明显地分别高下。例如：

（1）彼与彼年相若也，道相似也，位卑则足羞，官盛则近谀。（韩愈《师说》）

彼与彼年相若也，道相类也，位卑则足羞，官大则近谀。（同上）

（2）借书满架，偃仰啸歌，冥然兀坐，万籁有声。（归有光《项脊轩志》）

积书满架，偃仰啸歌，冥然兀坐，万籁有声。（同上）

（3）子曰："加我数年，五十以学易，可以无大过矣。"（《论语·述而》）

子曰："加我数年，五十以学，亦可以无大过矣。"（同上）

例（1），"相似"和"相类"，意思完全相同；"官盛"和"官大"，意思也无别，有人会说，还是"官盛"对，因为这是引用《礼记·中庸》"官盛任使，所以劝大臣也"，但是有人也许反驳，你怎么知道这是引用？韩愈是未必喜欢引用的。总之，两种说法难分高下。例（2），“借书”和“积书”意义不同，“借书”强调自己贫苦而好学，“积书”强调自己勤慎好学，究竟作者是想强调什么呢？我们自然无法知道，所以只能承认两种说法都通。例（3），两种说法差别更大了，甚至牵涉到孔子同《易经》和易传究竟有无关系的问题；可惜文献不足，我们难于确知当时的实况，也就只好承认两种说法都通了。

像以上这种情况，我们讲读时可以任选一种；当然，能够知道另外还有什么说法就更好。

第二种情况是两种说法都说得过去，可是其中一种显然好一些或好得多。例如：

（4）元和二年四月十三日夜，愈与吴郡张籍阅家中旧书，得李翰所为《张巡传》。（韩愈《张中丞传后叙》）

元和二年四月十三日夜，愈与吴郡张籍阅家中旧书，得李翰所为《巡传》。（同上）

（5）子曰：“可也，未若贫而乐，富而好礼者也。”（《论语·学而》）

子曰：“可也，未若贫而乐道，富而好礼者也。”（同上）

（6）采菊东篱下，悠然见南山。（陶渊明《饮酒》）

采菊东篱下，悠然望南山。（同上）

例（4），“元和二年”是这篇文章的开头，上文没有提到“张巡”，忽然出现“巡传”，谁能知道“巡”是指“张巡”呢？文章显然不宜这样写。例（5），“贫而乐”，用颜回“不改其乐”的意思自然也通，不过意义远没有“乐道”深（不是无所为而乐，而是对大道有爱好），并且“贫而乐道”与“富而好礼”对举，文从字顺，读起来也好得多。例（6），陶澍《陶靖节集》注引苏东坡的话说：“陶公意不在诗，诗以寄其意耳。采菊东篱下，悠然见南山，俗本作望，则既采菊，又望山，意尽于山，无余蕴矣，非渊明意也。见南山者，本是采菊，无意望山，适举首见之，故悠然忘情，趣闲而累远，未可于文字精粗间求之。”这分析得很对，“见”比“望”确是好得多。

像以上这种情况，讲读时遇见，要辨明是非，分别好坏，选取一种而放弃另一种。这虽然是个麻烦的工作，可是有好处，能够锻炼思路，提高理解文言的能力。

第三种情况是两种说法一对一错。例如：

（7）梁之上有丘焉，生竹树，其石之突怒偃蹇，负土而出，争为奇状者，殆不可数。（柳宗元《钴鉧潭西小丘记》）

梁之上有丘焉，生竹树，其石之突怒偃蹇，负土而出，争为奇壮者，殆不可数。（同上）

（8）南阳刘子骥，高尚士也，闻之，欣然规往。未果，寻病终。（陶渊明《桃花源记》）

南阳刘子骥，高尚士也，闻之，欣然亲往。未果，寻病终。（同上）

（9）丘也闻有国有家者，不患寡而患不均，不患贫而患不安。盖均无贫，和无寡，安无倾。（《论语·季氏》）

丘也闻有国有家者，不患贫而患不均，不患寡而患不安。盖均无贫，和无寡，安无倾。（同上）

例（7），“奇状”与“奇壮”比较，“壮”显然是误字。例（8），“规往”与“亲往”比较，看下文，可以知道“亲往”是错的，因为既已“亲往”，就不会有“未果”的事；“规往”是计划前往，想前往，可是天不遂人愿，意没有去成，不久病死了，正是合情合理。例（9），俞樾《古书疑义举例》六说得很对：“按寡贫二字，传写互易。此本作‘不患贫而患不均，不患寡而患不安’。贫以财言，不均亦以财言，不均则不如无财矣，故不患贫而患不均也。寡以人言，不安亦以人言，不安则不如无人矣，故不患寡而患不安也。”（按本文中也有“均无贫”的话）据此，可知传本“不患寡而患不均……”的说法是错的。

像以上这种情况，讲读时遇见，更要辨明是非，放弃错误的而选取正确的。同以上第二种情况一样，这种辨是非、定取舍的麻烦可以锻炼思路，所以并非不值得。

（二）断句（标点）方面

旧时代，文言典籍没有标点，一篇文章，字字相连，一写到底。初学自然会感到断句困难，所以从汉代经师起有所谓章句之学。用现代的标点符号标点文言典籍，比只分章断句要难得多，比如一个不知名的人名，姓名的第三个字并入下文也通，画人名号就要大费斟酌；引文，前有“曰”“云”等字样，加引号上半不难，到何处为止常常没有标志，加引号下半就难了。还有，文言简约，同样的语句篇章，不同的人可能有不同的理解，因而标点会彼此不同。不同，有的关系不大，就是说，意思或语句的语法关系不受影响，如王安石《伤仲永》

里“予闻之也久明道中从先人还家于舅家见之十二三矣”这节话，可以这样断句：

a. 予闻之也久，明道中，从先人还家，于舅家见之，十二三矣。

也可以这样断句：

b. 予闻之也久。明道中从先人还家，于舅家见之，十二三矣。

两种断句法不同而意思无别。不过有时候不是这样，而是因标点不同而意思有别，这就产生选取的问题。因标点不同而需要选取，情况和办法也可以分为三种。

第一种情况是两种点法都说得过去，难定哪一种是作者的原意。例如：

（1）寓逆旅主人，日再食（sì），无鲜肥滋味之享。（宋濂《送东阳马生序》）

寓逆旅，主人日再食，无鲜肥滋味之享。（同上）

（2）下视其辙，登轼而望之，曰：“可矣。”（《左传》庄公十年）

下，视其辙，登，轼而望之，曰：“可矣。”（同上）

（3）子入太庙，每事问。或曰：“孰谓鄹人之子知礼乎？入太庙，每事问。”子闻之，曰：“是礼也。”（《论语·八佾》）

子入太庙，每事问。或曰：“孰谓鄹人之子知礼乎？入太庙，每事问。”子闻之，曰：“是礼也？”（同上）

例（1），两种断句法字面意思虽然有别，可是所反映的事实还是一样。例（2），两种断句法意思差得很多：前一种，“下视”是眼睛向下看，“登轼”是从车上再向上而登轼；后一种，“下”是下车，然后“视”，“登”是由地面上车，然后扶“轼”而“望”。动作这样不同，究竟哪种解释对，不久前有不少争论，结果是谁也说不服谁。各不相下，只好承认两种解释都通。例（3），两种点法只是一个句号和一个问号之差，可是关系很大：用句号，意思就成为，到太庙这种圣地，自己应该谦逊，承认无知，所以每事问是合礼的；用问号，意思就成为，像太庙这种圣地，本应一切事物都合古礼，可是偏偏不合古礼，所以每事问（以表示指责），这能算作合礼吗？两种解释究竟哪种对呢？我们无法知道当时太庙礼器的情况，孔子的话又太简略，所以只好承认有两种可能了。

像以上这种情况，讲读时遇见，最好是“多闻阙疑”，承认说得通的讲法不止一种。

第二种情况是两种点法从表面看都说得过去，可是仔细琢磨，其中一种比另一种圆通。例如：

（4）歌曰：使天而雨珠，寒者不得以为襦，使天而雨玉，饥者不得以为粟。一雨三日，繄谁之力？民曰太守。太守不有，归之天子。天子曰不，归之造物。造物不自以为功，归之太空。太空冥冥，不可得而名，吾以名吾亭。（苏轼《喜雨亭记》）

歌曰：使天而雨珠，寒者不得以为襦；使天而雨玉，饥者不得以为粟。一雨三日，繄谁之力？民曰太守，太守不有；归之天子，天子曰不（同“否”）。归之造物，造物不自以为功，归之太空。太空冥冥，不可得而名，吾以名吾亭。（同上）

（5）问之，则曰：“彼与彼年相若也，道相似也，位卑则足羞，官盛则近谀。”呜呼！师道之不复，可知矣。（韩愈《师说》）

问之，则曰：“彼与彼年相若也，道相似也。”位卑则足羞，官盛则近谀。呜呼！师道之不复，可知矣。（同上）

（6）厩焚。子退朝，曰：“伤人乎？”不问马。（《论语·乡党》）

厩焚。子退朝，曰：“伤人乎？”“不。”问马。（同上）

例（4），“歌曰”之下协韵是明显的，少数地方怎样协，有不同的看法。钱大昕《十驾斋养新录》卷十六说“有”与“子”协，是用古音，那就成为前一种点法。问题是全歌用当时音，为什么独有此一处用古音？所以，与其这样绕弯子解说，不如从后一种点法。例（5），说的话到哪里为止，也曾成为问题。一般以为到“官盛则近谀”；但也有人认为“位卑则足羞，官盛则近谀”是作者评论的话，所“曰”应该到“道相似也”为止。斟酌文意，应该承认前一种点法好，因为：①“位卑则足羞”不是本篇中作者的思想；②带有慨叹感情的评论的话，“呜呼”总是用在开头而不是用在中间。例（6），显然也是前一种（通行的）点法好，因为：①儒家讲尊卑，别亲疏，都是集中于“人”道，不问马正是体现这种思想；② 如果是第二种意思，照古汉语习惯，也不应该说得这样没头没脑，生硬别扭。

像以上这种情况，辨明是非并不难，我们应该选取合情理的一种而放弃另一种。

第三种情况是两种点法有对有错。例如：

（7）唐棣之华，偏其反而，岂不尔思？室是远而。子曰："未之思也，夫何远之有！"（《论语·子罕》）

唐棣之华，偏其反而，岂不尔思？室是远而。子曰："未之思也夫，何远之有！"（同上）

（8）先是，庭中通南北为一。迨诸父异爨，内外多置小门墙，往往而是。（归有光《项脊轩志》）

先是，庭中通南北为一。迨诸父异爨，内外多置小门，墙往往而是。（同上）

（9）问今世何世，乃不知有汉，无论魏晋。此人一一为具言所闻，皆叹惋。（陶渊明《桃花源记》）

问今世何世，乃不知有汉，无论魏晋。此人一一为具言，所闻皆叹惋。（同上）

例（7），"夫"字属上或属下，从意义方面考虑关系不大，但比较之后，总得承认通行的断句法（前一种）是错的。理由之一是，古人释诗之词，多以“夫”字属句末，如《左传》成公八年“……求善也夫”，同书襄公二十四年“有德也夫……有令名也夫”（详见杨树达《古书句读释例》三，例五十六）。理由之二是，“夫”字一般用在议论的开头，不用在感叹句的开头。例（8），前一种是通行的点法，“墙”字属上有问题，①“门”字和“墙”字的关系不清楚，并列关系？文言很少这样说，偏正关系？小门的墙，意思不清楚；②照文言习惯，“往往而是”头上总要有个名词或名词性的什么；③归有光的文格是尽量求简洁的，“小门墙”前面已经有“多置”，后面不当用意思重复的“往往而是”；④照后一种点法，因为小门设置多了，所以墙也到处都有，文从意顺；所以可以断定，第二种点法是对的。例（9），有人主张用第二种点法，这样一来，“所闻”就要解释为听话的人们，也就是用“所闻”代替“闻者”，这是说不通的，因为文言没有这种“能”“所”混淆的表意法，陶渊明也绝不会这样误用。

像以上这种情况，讲读时遇见，也要辨明是非，选取一种而舍弃另一种。

（三）解释方面

讲读文言，最重要的要求是正确理解词句的意义。这有时候不很容易。原因之一是客观的，文言，尤其时代靠前的，大多文字古奥，或者因晦涩、脱误而意义不明。原因之二是主观的，即所谓仁者见仁，智者见智。结果是同一词句、同一篇章，不同的人会有不同的解释，讲读时自然就产生何去何从的问题。同文字、断句的情况一样，对待的办法也可以分为三种。

第一种情况是两种解释都通，并且不容易判断哪一种符合原意。例如：

> （1）每至晴初霜旦，林寒涧肃，常有高猿长啸，属引凄异，空谷传响，哀转久绝。（《水经注·江水》）

“哀转”的“转”，有人解释为“宛转”，有人解释为“与‘啭’通”，即“歌”或“鸣”的意思。两种讲法都通，不能明显地分别高下。

> （2）然则何时而乐耶？其必曰先天下之忧而忧，

后天下之乐而乐乎？噫！微斯人，吾谁与归？（或用“！”）（范仲淹《岳阳楼记》）

“谁与归”是疑问句的倒装句法（这是比照现代汉语次序的说法），大家认识一致。至于具体怎样倒则认识有分歧：有人说是从“与谁归”倒过来的，这样，“与”是现在所谓介词；有人说是从“归谁与（欤）”倒过来的，这样，“与（欤）”就成为助词。两种语法结构对意义也有影响：“与谁归”，“吾”得“谁”是结伴关系，平等的；“归谁与”，“吾”和“谁”是归向关系，不平等的。是“结伴”对还是“归向”对呢？难说。

（3）南昌故郡，洪都新府。星分翼轸，地接衡庐。襟三江而带五湖，控蛮荆而引瓯越。（王勃《滕王阁序》）

“三江”，有人解释为“松江、娄江、东江”，有人解释为“荆江、松江、浙江”。“五湖”，有人解释为“菱湖、游湖、莫湖、贡湖、胥湖”，有人解释为“太湖、鄱阳湖、青草湖、丹阳湖、洞庭湖”。当然都有根据，我们既然不能起作者而问之，也就只好存疑了。

像以上这种情况，讲读时遇见，最好能知道讲法不止一种；当然，任选其一也未尝不可。

第二种情况是两种讲法都说得过去，但是其中一种比较好。例如：

> （4）近腊月下，景气和畅，故山殊可过。足下方温经，猥不敢相烦。（王维《山中与裴迪秀才书》）

“经”可以解释为“四书五经”的“经”,也可解释为“佛经”。但以“佛经”为好。理由之一是，中古时代隐居修道的所谓“高士”，大都以学佛为高雅；王维是崇佛的，《旧唐书·王维传》称裴迪为王维的“道友”：可见专心读的必是佛书。理由之二是，学佛必须清静，因为是读“佛经”，下文的“猥不敢相烦”才更有着落。

> （5）临溪而渔，溪深而鱼肥；酿泉为酒，泉香而酒冽（或“洌”）。（欧阳修《醉翁亭记》）

“冽”是“凉”，“洌”是“清”，不管是“冽”还是“洌”，都宜于形容“泉”而不宜于形容“酒”；“香”呢，显然更宜于形容“酒”。这样，照字面解释为“泉香而酒洌”，就不如承认这是交错说，解释为“泉洌而酒香”。

（6）贵人饮金屑，倏忽蕣英暮。平生服杏丹，颜色真如故。（刘禹锡《马嵬行》）

“贵人”指杨贵妃。说杨贵妃之死由于“饮金屑”，与历史记载不同，是怎么回事呢？袁枚《随园随笔》卷二十三说：“似贵妃之死乃饮金屑，非缢也。”近人蒋礼鸿《义府续貂》说：“魏、晋故事，贵近、后妃赐死例饮金屑，云饮金屑，犹云赐死。梦得词人，援故实以为言，故非实饮金屑也。”两种解释，一说是纪实，一说是用典，显然以后一说为好。

像以上这种情况，我们要参考有关资料，辨明是非，选取其中的一种解释。

第三种情况是两种解释一对一错。例如：

（7）李氏子蟠年十七，好古文，六艺经传皆通习之。（韩愈《师说》）

“六艺”，一般解释为“六经”，即“易、诗、书、礼、乐、春秋”；可是也有人说是指“礼、乐、射、御、书、数”。显然后一种解释是错的。因为：① 唐朝读书人并不学赶车之类，也没听说韩愈精于赶车；② 因为好古文，所以才通习六艺，“六艺”当然指古经书。

（8）谢安得驿书，知秦兵已败……既罢，还内，过户限，不觉屐齿之折。（《资治通鉴》卷一〇五）

“不觉屐齿之折”，有人解释为“不知不觉屐齿就折断了”，有人解释为“屐齿碰断还没有觉得”。照前一种解释，“不觉”是状语，全句强调的是心不在焉；照后一种解释，“不觉屐齿之折”是动宾结构，全句强调的是心情激动。显然后一种解释是对的。

（9）良将劲弩，守要害之处；信臣精卒，陈利兵而谁何。（贾谊《过秦论》）

“谁何”，由上文串下来，应该是“信臣精卒”的行动，可是有人解释为“谁也不能奈之何”（横行霸道），这显然是不合适的。旧时代，有人说“何”是“问”的意思；有人说“谁何”相当于“谁呵”，“呵”是大声呵斥；还有人说“谁何”应作“谯呵”，是斥责的意思：总之，都是“诘问”，所以翻成现在话应该是“盘问”，详说是戒严，到处拦路盘问搜查。

像以上这种情况，我们更要辨明是非，选取其一而放弃其一。

同一词句有不同的解释，还有不像上面所举情况那样单纯的，例如书法中有所谓“拨镫法”，猜谜式的解释不少，可是哪一种都明显的是牵强附会，不能使人心服；李商隐的《锦瑟》诗，解释也不少，都像有道理，可是按照逻辑规律，一种事物不能既是这样又不是这样，因而是非难定，等等。万一碰到这种情况，原则地说，比较妥善的办法是“多闻阙疑”；至于具体怎样“疑”，这里就不能详说了。

七　舍粗取精

讲读文言，文言典籍浩如烟海，内容五花八门，有如何选择、如何吸取的问题。这个问题可以用比较简明的话表示，是要什么，不要什么。这似乎不难解决，当然是要好的或说有用的。可是哪些是有用的呢？分辨有用无用要有个标准，标准因需求、因人而可以不同。比如我们是研究文化史，那就连谶纬、堪舆的书也很有用；如果是一般的学习文言，当然就不必在这类迷信的书里兜圈子了。这里还是缩小范围，专说学文言，选定读物也是个麻烦问题。这包括两个方面：一是在浩如烟海的作品中选取什么，二是作品选定，在不同的版本中选用什么。

选书的问题，旧时代属于目录学范围，内容很繁，不是三言两语能够说清楚的。例如清朝光绪初年，张之洞作了一部《书目答问》（有人说是缪荃孙代作的），就是想指导初学，解决读什么（过去自然指中国古籍）和选用什么版本的问题的（1929年范希曾作成《书目答问补正》，较原书详确）。《书目答问》收书两千多种，现在仍然有参考价值，但是对我们目前学习文言来说却不合用。因为：①那时候视为重要的，现在也许用处很小；②那时候视为上好的，现在看来却未必佳；③近百年来整理诠释古籍的成绩那时候自然无法收入；④对现在的初学〈者〉说，内容嫌过多过繁。现在需要新的、解说较详的、供一般学习文言的人参考的《书目答问》。暂时没有，我们只好自己积累一些这方面的知识。

怎么积累呢？先要具备一些历史知识，尤其文学史知识，也就是要知道历代有哪些名作家和名作品。这是基本的。此外，还要注意现时的出版阅读情况，就是大致了解多数学文言的人目前在读什么，哪些书容易找到。读文学史，参考别人的阅读经验，这虽然近于随波逐流，却常常能够得其要领，费力不多而解决了选读的问题。

读物选定之后，还要具备一些选用版本的知识。这方面的知识，有概括的，譬如一般说：①面军一种古籍，经过后人校勘的比古本合用，如《淮南子》，刘文典的《淮南鸿烈集解》比汉朝高诱注的合用；②现代人标点注解的比旧时断句加注的合用，如《孟子》，杨伯峻的《孟子译注》比宋朝朱熹的《孟子集注》合用；③尤其对于初学，选注的比全书合用，如王伯祥的《史记选》比旧本《史记》合用；④注解详的比注解略的合用，如同是《左传》选本，王伯祥的《左传读本》比秦同培的《左传精华》合用（有例外，如王先谦《庄子集解》后出，注解简明扼要，不如郭庆藩《庄子集释》详尽，却更便于用）；⑤深于此学的人评选注解的比一般人选注的合用，如钱钟书的《宋诗选注》比其他宋诗选本合用。概括的知识之外，还要具备一些关于某某书、某某篇的版本知识。例如《史记》，我们想全读，就要知道，中华书局新标点本比旧版没标点的合用，日本泷川龟太郎《史记会注考证》注较详，应找来参考；如果不想全读，就要知道，现在常见的有王伯祥、郑权中、张友鸾等几种选注本，王伯祥的注解较详尽，宜于深入钻研；甚至只想读一篇，如《廉颇蔺相如列传》，也最好知道都有哪些选本选了这一篇，以便有疑问的时候参考酌定。

以上谈的是如何选定读物的问题。为初学讲文言或初学读文言，比选定问题更重要的是从读物中吸取什么的问题。文言典籍是古人写的，古人生在旧时代，思想感情自然是旧的，或者退一步说，不能不受旧时代的影响。因而其作品就不能不同现在的要求有距离，就是说，兼有精华和糟粕。有些著作，尤其从思想方面看，是精华很少，糟粕很多。就说很少吧，糟粕总有毒素，会起毒害人的消极作用。如果因为有糟粕而就不肯读，甚至不敢读，其结果就会无书可读。这当然不是办法。可行的办法是能够分辨是非好坏，取其精华而舍其糟粕。

讲读文言，初期选用的读物，绝大多数是名作家的名作。名作，其中当然有不少精华，但也不能保证天衣无缝，毫无糟粕。这糟粕，因性质的不同可以分为三类：一是思想感情方面的，二是科学性方面的，三是文字表达方面的。以下举例说说这三方面的情况。

（一）思想感情方面（为简明，只举单篇为例）

（1）李将军广者，陇西成纪人也。……广尝与望气王朔燕语，曰："自汉击匈奴而广未尝不在其中……岂吾相不当侯邪？且固命也？"……朔曰："祸莫大于杀已降，此乃将军所以不得侯者也。"（《史记·李将军列传》）

（2）文人相轻，自古而然。……盖文章，经国之大业，不朽之盛事。年寿有时而尽，荣乐止乎其身，二者必至之常期，未若文章之无穷。是以古之作者，寄身于翰墨，见意于篇籍，不假良史之辞，不托飞驰之势，而声名自传于后。（曹丕《典论·论文》）

（3）白闻天下谈士相聚而言曰：“生不用封万户侯，但愿一识韩荆州。”……君侯制作侔神明，德行动天地，笔参造化，学究天人。……今天下以君侯为文章之司命，人物之权衡，一经品题，便作佳士。（李白《与韩荆州书》）

（4）古之学者必有师。……巫医乐师百工之人，君子不齿，今其智乃反不能及，其可怪也欤！（韩愈《师说》）

（5）永和九年，岁在癸丑，暮春之初，会于会稽山阴之兰亭，修禊事也。……况修短随化，终期于尽。古人云，“死生亦大矣。”岂不痛哉！（王羲之《兰亭集序》）

（6）项脊轩，旧南阁子也。……语未毕，余泣，妪亦泣。……瞻顾遗迹，如在昨日，令人长号不自禁。……庭有枇杷树，吾妻死之年所手植也，今已亭亭如盖矣。（归有光《项脊轩志》）

（7）归去来兮！田园将芜，胡不归？……已矣乎！寓形宇内复几时，曷不委心任去留？胡为乎遑遑欲何之？富贵非吾愿，帝乡不可期。怀良辰以孤往，或植杖而耘耔。登东皋以舒啸，临清流而赋诗。聊乘化以归尽，乐夫天命

复奚疑？（陶渊明《归去来兮辞》）

（8）黄冈之地多竹，大者如椽……公退之暇，披鹤氅，戴华阳巾，手执《周易》一卷，焚香默坐，消遣世虑。（王禹偁《黄冈竹楼记》）

例（1），《李将军列传》出于太史公司马迁的大手笔，又是《史记》传记中的名文，无论材料、布局以及写人写事，当然都非常精彩，用不着我们再赞一辞。但是专就上面引的这部分看，李广因未得封侯而向望气的王朔请教，在相貌、命运方面找不到原因，最后归结为“报应”，这当作历史事实叙述一下自然也未可厚非，问题是体会行文的口气，作者也是倾向于相信的。（可与《陈涉世家》比较，在那篇里，卜者教陈胜、吴广装神弄鬼，作者明白表示那是假的。）相信真有所谓报应，现在看来当然是可笑的迷信，因而是大精华中的小糟粕，我们讲读时显然应该舍弃它。例（2），《典论·论文》是一篇名文，见解和辞章都是出类拔萃的；只是这里引的几句话，强调个人的成名、传名，在当时纵使是不可不有的思想，现在看来总是不合适的，所以讲读时也应该舍弃它。例（3），《与韩荆州书》也是一篇名文，因为有名，所以还从其中生出“识荆”这个典故。在唐朝，为出头而求名人提拔是很多人走的路，李白当然也可以这样做。不过像这里引的一些话，放在韩朝宗身上就未免太夸大，因为他的地位不过是荆州刺史之下的一个“长史”，怎么就能“侔神明”“动天地”呢？为求助而把对方吹上天，这苛刻一些就是“谄”，与“谪仙人”的雅号是不相称的，所以也应该算作糟粕。例（4），大家都承认《师说》是一篇思想好的文章，所以几乎到处都选它。“巫医乐师百工之人，君子不齿”的话，在当时这样说似乎也没有什么，因为社会情况就是如此。只是现在看来，总不能不算美中不足，所以讲读时应该认识，这是旧时代士大夫的偏见，不足为训。例（5），《兰亭集序》也是一篇名文，篇幅不长，可是记事、写景、言情都富有诗意，所以一直为人们所爱读。只是就思想感情说，终嫌过于突出士大夫的闲适。上面引的几句更退后一步，变为消沉，由好的作品有移情作用这个角度看，我们是不应该吸取的。例（6），归有光的文章长于以琐事抒深情，《项脊轩志》是这方面的代表作。内容很琐细，可是写人写景都描画入微，并能于委曲的情节中显示人的心境，所以感染人的力量很强。缺点（由现在看）是情调太低沉，仿佛总是在说，完了，什么都过去！自然，我们应该承认，人人有感伤的权利；不过作为选来的读物，尤其对于年轻人，过于感情低沉、性情脆弱，如果还有影响的力量，那是不合适的。例（7），在文学史上，《归去来兮辞》更加有名，欧阳修甚至说，晋朝只此一篇可以算作文章。内容也好，乱世弃官不做，回家务农，确是值得赞扬。从辞章方面看也是上好的，写情写景都很真切，并且协韵，有浓厚的音乐性。只是上面引的几句，道家的任其自然、一切无所谓的气味太重，作为现在的读物是不宜于吸取的。例（8），《黄冈竹楼记》写得很精练，素材，安排，写景，言情，都很讲究，确是值得一读。只是上面引的几句，写的完全是士大夫自命清高的形象，现在看来是应该唾弃的。

（二）科学性方面

（1）秦孝公据崤函之固，拥雍州之地……及至始皇，奋六世之余烈，振长策而御宇内，吞二周而亡诸侯，履至尊而制六合，执敲朴而鞭笞天下，威震四海。（贾谊《过秦论》）

（2）予得此于定海，命谢子大周钞别本以归……明长陵不罪藏方孝孺书者，此帝王盛德事。（姜宸英《奇零草序》）

（3）嘉庆十二年四月三日，商丘陈燕仲谋、陈焯度光招予游宋氏西陂。陂自牧仲尚书之没，至于今逾百年矣，又尝值黄河之患，所谓芰梁、松庵诸名胜，无一存者。（管同《游西陂记》）

（4）昌平州，京师之枕也，隶北路厅。……州之东有镇山焉，曰天寿山，明十二陵之所在。（龚自珍《说昌平州》）

（5）太尉始为泾州刺史时，汾阳王以副元帅居蒲……先是太尉在泾州为营田官，泾大将焦令谌取人田，自占数十顷。（以下叙大旱年焦逼农民交粮，用大杖打伤农民事。）太尉大泣曰："乃我困汝。"即自取水洗去血，裂裳衣疮，手注善药；旦夕自哺农者然后食；取骑马卖，市谷代偿，使勿知。（以下叙有人将此情况告知焦令谌）谌虽暴抗，然闻言则大愧，流汗不能食，曰："吾终不可以见段公。"一夕自恨死。（柳宗元《段太尉逸事状》）

（6）有生之初，人各自私也，人各自利也。天下有公利而莫或兴之，有公害而莫或除之。有人者出，不以一己之利为利，而使天下受其利；不以一己之害为害，而使天下释其害。（黄宗羲《原君》）

（7）庚戌十一月，予自广陵归，与陈子灿同舟。……既同寝，夜半，客曰："吾去矣！"言讫不见。子灿见窗

户皆闭，惊问信之。……忽闻客大呼曰：“吾去矣。”尘滚滚东向驰去。（魏禧《大铁椎传》）

（8）朱衣道人者，阳曲傅山先生也……尝自论其书曰：“弱冠学晋唐人楷法，皆不能肖，及得松雪、香山墨迹，爱其圆转流丽，稍临之，则遂乱真矣。”已而乃愧之，曰：“是如学正人君子者，每觉其觚棱难近；降而与匪人游，不觉其日亲者。……”（全祖望《阳曲傅先生事略》）

例（1），《过秦论》是一篇有名的议论文，气势雄伟，有长江大河一泻千里之势，因而连太史公司马迁都乐得引用。可是上面引的“吞二周”却说错了。这两个“周”是东周末年封的小国；西周是秦昭襄王五十一年（前256年）被秦国消灭的，东周是秦庄襄王元年（前249年）被秦国消灭的，那时候秦始皇还没有即位（前246年才即位）。这是只图大话痛快好听而忽略了史实。例（2），姜宸英著文，褒扬忠贞，希望《奇零草》传世，用意是很好的。可是引的古事中有“明长陵不罪藏方孝孺书者”却有问题，《明史·方孝孺传》明明说：“永乐中，藏孝孺文者罪至死，门人王稌潜录为《侯城集》，故后得行于世。”推想《明史》的记载不会没有根据，若然，姜宸英的宽厚说法就靠不住了。例（3），宋荦是康熙五十二年（1713年）死的，到管同等游西陵的嘉庆十二年（1807年）只有九十四年，文中说“逾百年矣”是错的。例（4），现在很多人游过十三陵，知道汽车过昌平县（清朝名昌平州）还是往北走。龚自珍的文章却说在“州之东”，这是坐在书桌前的想当然。例（5），根据《段太尉逸事状》所写，焦令谌是个残暴的军阀、大坏蛋，把无力交粮的农民打得奄奄待毙，他毫不动心，听到段太尉代人交粮就良心发现，以至于一夜之间就愧恨而死，这太不合事理，显然是随便说说，绝不可信（事实是以后还在做官）。例（6），《原君》，从思想方面看是极上等的文章，见理明，用意深，胆量大，两千年来几乎找不出几篇能够同它相配。可是开头说的两种状况，一是人各自私，人各自利，另一是忽而出来一人，毫不自私，毫不自利，都显得有些离奇。无论就事实说还是就道理说，这样截然不同的两极端都是不可能有的。例（7），《大铁椎传》写得像神怪小说，所以不少人喜欢读。问题出在它不是神怪小说，因为有真人陈子灿为证。可是像上面引的那些表现，窗门不开就“言讫不见”，“东向驰去”以至于“尘滚滚”，都违反事理。因此，“姑妄听之”自然未尝不可，信以为真就不合适了。例（8），傅青主评书法举“松雪、香山”，下面并且说了些不敬的话，这很不合事理：一是白居易不是书法家，传世笔迹很少；二是即使是书法家，与赵孟頫并举也应该颠倒次序，说“香山、松雪”；三是绝不能比白居易为匪人。查傅青主的文集，才知道“香山”应作“香光”（董其昌），原来是全祖望写错了。

（三）文字表达方面

文字表达，过去习惯称为“辞章”，取舍的问题比较难于说清楚，因为同一篇文章，专从写作技巧方面考虑，常常是仁者见仁，智者见智。概括的原则容易说，比如自然比造作好，简练比拖沓好，流利比艰涩好，古朴比轻浮好，生动比板滞好，典雅比粗俗好，优美比鄙陋好，等等，大家都会同意。问题是这些原则都很抽象，难于像用天平衡物那样，半斤就是半斤，三两就是三两。抽象的原则难于实用，原因不止一种：①各人眼光不同，好恶不同，甲说流利好，乙甚至可以说，艰涩有一种暗藏的美，更好；②同一种写法，甲看着不很自然，乙也许觉得很自然；③有些作品，辞章方面属于中流，于是好之者可以誉为质朴，恶之者可以毁为笨拙，好之者可以誉为灵活，恶之者可以毁为轻浮，因为质朴与笨拙，灵活与轻浮，本来就是近邻。总之，还是仁者见仁，智者见智，难于避免主观片面性。但是我们又必须承认，就是辞章方面，作品，或说有些作品，终归有高下之分，而我们也应该细心地、尽量避免偏见地分辨高下，然后取其精而舍其粗。以下举例说说这方面的情况，因为终是一己之见，所以只能供参考。

先说书。古籍传到现代的，绝大多数是名著，因而辞章好的就用不着举例。书与书相比，有的，即使是极少数，显然差一些。例如王充的《论衡》，在东汉阴阳五行迷信盛行的时期，大声疾呼地提倡科学精神，毫不留情地揭露、反驳各种流行谬说，其思想的高超真是难以笔墨形容。可是说到文字表达，却琐碎拖沓（明朝胡应麟《少室山房笔丛》曾指出这一点），既不流利，又不生动。如果我们是刚读过《孟子》，这种印象就会更加明显。又如南北朝有一部新奇而价值很高的书，贾思勰的《齐民要术》，它与也是北朝著作的杨衒之的《洛阳伽蓝记》相比，就显得过于板滞无华了。

再说人。同是作家，有人文笔造诣高，有人低，这也用不着举例。就是同一个人，写不同体裁的作品，也会有高下之分。例如杜甫是了不起的大诗人，其实他也写文，可是（还是从写作技巧方面看）远不如诗。明朝的大作家归有光正好相反，是诗不如文。

缩小到一篇，文字表达方面有时也有高下之分。例如“文起八代之衰”的韩愈，文章为后代古文家推为登峰造极，《原毁》一篇尤为人所乐道，可是那种故意多重叠、多对称以制造声势的写法，今天看来未免造作气味太重，实在没有什么好。又如明朝马中锡的《中山狼传》也是一篇流行的名文，内容当然是好的；至于全篇生硬地拼凑典故的那种写法，使人不能不想到冬烘先生在篱下诌文，摇头晃脑的那种神气，可以说是不能与内容相配了。

再缩小，一篇之内也会大醇而小疵。例如：

（1）庭坚顿首，几仲司户足下：……天难于生才，而才者须学问琢磨，以就晚成之器；其不能者，则不得归怨于天也。世实须才，而才者未必用，君子未尝以世不用而废学问；其自废惰驶，则不得归怨于世也。（黄庭坚《答李几仲书》）

（2）右《金石录》三十卷者何？赵侯德父所著书也。……呜呼！余自少陆机作赋之二年，至过蘧瑗知非之两岁，三十四年之间，忧患得失何其多也？（李清照《金石录后序》）

例（1），“天难于生才”以下是经义文写法，放在后代八股文里是稍解放的两股，至少我们今天看来，有迂腐气，不如前后散行的文字那样平顺自然。例（2），《金石录后序》是一篇内容充实、感情深挚、可歌可泣的名文，叙事朴实恳切；只是上面引的“呜呼”以下，交代自己经历的时间，忽然谜语式地用了两个典故，显得纡而拙，这不得不算作金玉堆中一颗小小的沙粒吧？

八　冷暖自知

上一章谈到精粗问题。分辨精粗要有个标准，而标准常常与个人爱好牵连，甚至完全来自爱好，所以难免主观片面性。但又不能不分辨，因为有精粗是事实，我们讲读时就不当一古脑儿吞下去。比较可行的办法是慎重一些，不凭印象乱说；取其大而略其小，可此可彼的存疑。这一章想深入一步，由选定的一篇扩展到未经选择的大量读物，就是说，谈谈博览的时候，在汗牛充栋的文言作品中，要怎样用自己的眼光，选择好的而略去较差的，吸取好的而舍弃不值得吸取的。这会涉及方法（怎样选）和结果（选了什么）两部分。“结果”当然不能不出于主观，即使未必是错的，也总难于使大家都同意；若然，那就把“方法”当作重点，提供学习文言的同志们参考。

学习文言，像学习其他事物一样，日久天长，会逐渐熟练，会提高；在提高的基础上还会要求继续提高。想提高，更要多读，也就是在精读中逐渐增加博览的成分。博览，览什么，自然可以向老师、文学史、评介文章等请教，但总不能永远扶着拐杖走路，因为：①老师、文学史等所谈究竟有限；②更重要的是他人所说未必完全可信；③即便完全可信，也要经过自己的秤衡量之后，才能知道所以为可信，也就是冷暖自知才是真知；④还要用自己的真知到生疏的作品中去选定。提高和冷暖自知有互为因果的关系：不提高就不能培养分辨好坏的眼光；不能分辨好坏就不能恰当地选择，正确地吸取，因而就难于提高。自然，自作主张也许会错，但不当因噎废食，何况错了之后还会逐渐领悟而很快改正，那正是更大的提高。

选择，精读，博览，提高，最终是为了通达。在旧时代，通达大致包括两个方面：一是能吸取，就是通晓人家写的，并或多或少地把自己认为好的、重要的装在脑子里；二是能运用，就是自己能写，并且下笔千言，句句有本原，甚至无一字无来历。因为目的如此，所以不能不有评价的眼光；否则脑子里装了不少不三不四的东西，到拿起笔来，却佶屈笨拙，甚至满纸三家村气。我们现在学文言，目的当然与旧时代不同。最大的分别是不要求能写；其次是往脑子里装，不要求像过去那样多，那样杂。但学以致用这个原则还是一样的。这用，大致说包括以下几项：① 能够学会文言，以便比较广泛地阅读文言典籍；② 能够一般地通晓过去的历史和文化；③ 能够从旧的文化（尤其是思想）中吸取积极的有用的成分；④ 能够从文学艺术的角度，欣赏大量优秀的文言作品；⑤能够把文言作品中的写作优点吸收融会到自己写现代文的笔下。很明显，想做到以上几项，自己没有评价的眼光，即使不至一无所成，也总不能避免事倍功半。

评价的眼光是逐渐培养起来的，不像机器，零件配全之前一点不能用，配全之后立刻起作用。小孩子读唐诗："故人西辞黄鹤楼，烟花三月下扬州。孤帆远影碧空尽，惟见长江天际流。"读完了说"真好"。问为什么真好，说不上来，这是已经知其妙而不能名其妙，虽然不能名，也是有了初步的评价的眼光。这种初步的冷暖自知，偏于感性的，虽然零零散散，却很可贵，因为它是理性的冷暖自知的基础。

培养理性的冷暖自知，即系统的、深入的、评价的眼光，要注意以下几个步骤。

1. 在阅读中摸索、磨炼、积累。这有如吃食物，多品尝，多比较，感觉就会越来越明显，越来越固定，因而形成明确的评价。文言作品也是这样，一首诗，一篇文章，我们读了会有个感觉，粗略地说是“好”“不好”，“喜欢”“不喜欢”，细一点说是“题材”怎么样，“结构”怎么样，“思想感情”怎么样，“辞章”怎么样，等等。这类评价可以从对一首、一篇的印象来，也可以从与其他篇什的比较来。不管怎样，这类感觉的经历多了，积累起来，就会逐渐养成分辨好坏、衡量轻重的眼光。

2. 要参考他人的评论，尤其多种评论中的相反意见。历史上的著名典籍、著名篇章，几乎都有人评论过。这类评论常常收入各种文学史、文学批评史；散见各书的，有的经过后人搜集整理，汇集在原作之中（或总列于篇章之前，或分缀于篇章之下）；此外还有专评介某书某篇的论文，更便于参考。前人的评论，大多出于专家之手，见得广，谈得深，我们不只要重视，还要把它看作培养眼光的课本，不停止于记住论断，要更向前，学习前人所以作出此种论断的理论和方法。前人的评论，有的不是专指而是泛论，如《文心雕龙》中的许多叙述和司空图《诗品》之类，也很重要，甚至更加重要，当然也要参考。前人的评论，有时候甲、乙着重点不同，深浅度不同，这值得注意；但尤其值得注意的是甲、乙的意见打架。打架不能都对，在长短得失的衡量中，我们更容易把分辨的能力提高一步。例如我们读苏东坡词，像下面三类评论就大有参考价值（皆梁令娴《艺蘅馆词选》引）。

（1）陆放翁云：东坡词歌终，觉天风海雨逼人。

胡致堂云：词曲至东坡，一洗绮罗香泽之态，摆脱绸缪宛转之度，使人登高望远，举首高歌，逸怀浩气，超脱尘垢，于是《花间》为皂隶而耆卿为舆台矣。

（2）晁无咎云：东坡词，人谓多不谐音律，然横放杰出，自是曲子内缚不住者。

《吹剑续录》云：东坡有幕士善歌，因问："我词何如柳七？"对曰："柳郎中词，只好十七八女孩儿按红牙拍，唱'杨柳岸晓风残月'；学士词须关西大汉执铁绰板，弹铜琵琶，唱'大江东去'。"公为之绝倒。

（3）李易安词论：至晏丞相、欧阳永叔、苏子瞻，学际天人，作为小歌词，直如酌蠡水于大海，然皆句读不葺之诗耳。

陈无已云：东坡以诗为词，如教坊雷大使之舞，虽极天下之工，要非本色。

（1）组说好，（2）组说有短有长，（3）组说不好。（2）组是中间派，（1）组和（3）组意见相反。究竟哪一种看法对呢？

碰到这种情况，我们要多琢磨琢磨，虽然未必能够解决争执，却可以顺着前人的思路走一过。走，当然要用自己的脚，所以实际是边听边想，这对于磨炼眼光是大有好处的。

3. 评价的眼光起于感性，却不可长期停留于感性。感性有靠得住和靠不住的两面。因为是自己的实感，货真价实，这是靠得住的一面。但感性容易随时间而变，随情境而变，尤其是评价对象处于两可之间的时候，也许一时觉得有可取，另一时觉得无足取，这是靠不住的一面。要求靠得住，就必须积累感性，一再剪裁修正，使之系统化、理论化；换句话说，每下一次判断，都要能够说明这样评价的根据，虽然不给旁人讲解的时候可以不出口，但要心中有数。这数，小而言之是言之成理的理，大而言之是文学批评的立足点。这自然不容易，所以就初学说，可以不要求像文学批评家说的那样深、那样广；甚至低之又低，只要求不停留在“我喜欢”“我不喜欢”，而能够进一步说说为什么喜欢、为什么不喜欢。这个粗浅的理是必要的，并且是有大价值的。因为用它作基础，我们就能够建筑起系统理论的楼台，或说是锐敏而准确的眼光。有了这样的眼光，学习文言中的许多辨别、选择问题都可以迎刃而解。

学习文言的进程，以上学阶段为比，有小学、中学、大学之别。评价眼光的高低、深浅，自然也随着阶段的变化而有不同。但事实是，只要接触文言作品，就任何时候都在评论；也要求任何时候都评论，以期能够自己辨别方向，事半功倍。读，使用眼光，锻炼眼光，有三点需要注意。

1. 要相信自己，胆量大一些。这可以从不同的意义上说。①应该重视自己的实感。例如我们读一首诗或一篇文章，觉得它描写景物非常好，能够把我们引入另一境界，或者抒发感情非常真挚，使我们几乎要落泪，这实感来自切身感受，最真、最重，所以最有价值。②要敢于撇开传统，撇开流俗。评论任何事物，传统和流俗的意见都是力量大的，有时大到使所信奉的事物成为天经地义，不容怀疑，甚至常常使你想不到怀疑。旧时代的“子曰”“诗云”就属于这一类，既然是子所曰、诗所云，其为正确还会有问题吗？我们要有王荆公说《春秋》是“断烂朝报”那种精神和胆量，问一问子所曰、诗所云为什么就不错。经过自己衡量，如果觉得并不是这样，要敢于提出相反的意见。自然，相反的意见未必能保险正确，不过自己不信而随波逐流，那就无法培养眼光，也就谈不到提高。一定要有“坚持自己所信”这种精神、这种胆量，评论的眼光才能培养成，这样培养成的眼光才有分量，作用大。当然，这里所谓撇开传统、撇开流俗，并不是提倡故意作翻案文章，而是为了培养评价的眼光，得到可信赖的评价，必须实事求是，认真负责。③传统和流俗未必不可信赖，例如说《史记》的文章好，杜甫的诗好，历代不同意的人很少，只是这种看法，必须用自己的脑子滤一下，所谓好才不是人云亦云，才是内容充实的更可信赖的判断。

2. 要虚心。这像是相信自己的反面，其实二者是相辅相成的。因为：①任何评价，即使背后有言之成理的理，也终归是主观的，它可能错，不只持不同意见的人这样看，过些时候自己也可能这样看。②不同的意见之后有不同的理，不经过仔细思量，我们不当轻易地一笔抹杀。③唯有在不同意见的争论、对比中，分辨好坏的眼光才会得到磨炼，逐渐提高。④评论作品不是用秤衡物，可以确定是半斤或是六两，而是我们可以仁者见仁，别人可以智者见智，我们愿意别人尊重我们的意见，就应该也尊重别人的意见。

3. 要全面估计所评论的对象，就事论事，也就是不当提出非客观条件所能容许的要求。例如张溥《五人墓碑记》是一篇思想很好的文章，可是里面有“待圣人之出而投缳道路”的话，现在看来，称崇祯皇帝为圣人实在有点肉麻，可是在那时候不这样写又怎么称呼呢？又如贾思勰《齐民要术》是价值很高的书，可是由辞章方面看，语言平板枯燥有如记账，这是因为内容是介绍农业生产，题材就是这样干巴巴的，能够清楚有条理地写出来已经很不容易了。此外，一本书、一篇文章，常常是有短有长；如果是这样，我们就不当因其短而忽略其长。

以上泛泛谈了评价眼光的重要及其培养。评价的眼光，除了参考别人的意见以外，还要在使用的过程中培养，培养也是为了使用，所以同样重要的是了解怎样运用。以下谈谈怎样运用的问题。

对文言读物的评价，正如对所接触的其他事物一样，要求可以分为三等：一是有明确的观感；二是表示意见，言之成理；三是意见正确。我们稍加思索就可以知道，要求之一是太低了，因为可能是浮光掠影的印象，禁不住推敲；三是太高了，评价对象是作品，怎么能够保证，甚至怎么能够知道一定正确呢？所以适当的合理的要求是二，不只能够明确地判断“好”或“不好”，而且能够说明所以如此判断的成系统的理由。所谓“成系统”包括两层意思：一是内部完整，各部分不矛盾；二是各部分有共同的理论支柱。以王国维《人间词话》为例，他评论多少词人的多少作品，有时是对于某一句的零碎印象，如“西风残照，汉家陵阙”，等等，有时是对于某一词人的总的印象，如褒李后主而贬吴文英，等等，所有这些都可以用比较概括的“有境界”“一切文学余爱以血书者”等理论贯串起来。如果我们喜欢追根问底，进一步问：为什么有境界、以血书就好呢？我推想，他一定会拿出一套更深微的哲学（主要是美学）上的理论来，因为他早年是治哲学的，好之所以为好，美之所以为美，他一定深思熟虑过。我们学习文言，不是专攻文学批评，当然不能要求这样高。不过道理还是一样的，碰到某作品，读了，要有个态度；有态度，即使不说，心里总当存有所以如此评断的理由。

理由是尺，评价是度量之后的计数。尺的大小，准确与否，照上一段所分析，如果过深地追求，会阑入哲学范围，我们可以不要求说明，甚至不要求知道。这样，碰到一篇作品，我们评价，要做的只是两件事：一是评价，好或不好，不很好或很不好，等等；二是说明这样看，为什么。下面举几个例，以表示评论的点滴情况。再说一遍，供参考的是“方法”，不是“结论”。

1. 例如西汉的两篇文章，一篇是大作家司马相如作的《上书谏猎》，一篇是杨恽作的《报孙会宗书》，读过几次，我总喜欢后一篇。在封建专制时代，忠君，为帝王出谋划策自然也未可厚非，但想到为统治者的安全而大声疾呼，总觉得势利气重一些。而杨恽的信则直写自己的苦闷和志趣，显得品格高尚而性情恳挚，所以评价应在《上书谏猎》之上。这样评定，其理就是：耿介或近于耿介的行径是好的，势利或近于势利的行径是不好的。

2. 例如《文选》收的赋都是名篇，其中王延寿《鲁灵光殿赋》和向秀《思旧赋》都为大家所熟知。前一篇用力描画，文字光怪陆离；可是很多人还是喜欢读后一篇，鲁迅先生甚至以它写得太短为遗憾。两篇赋性质不同，一重在写景物，一重在抒情怀，或者不宜于放在一个秤上称；不过，如果容许总而言之地分别价值的高下，我觉得应该说《思旧赋》的等级要列在《鲁灵光殿赋》之上。这样评定，其理就是：《鲁灵光殿赋》有不少虚夸的成分，而《思旧赋》则是真情实感。虚夸，用重彩描画，看看自然也好玩；但想要动人心弦，那就非真情实感不可。

3. 例如韩愈写过不少祭文，其中《祭鳄鱼文》和《祭十二郎文》都很有名，尤其前一篇，新旧《唐书》都收入本传，后代有不少文人捧为“词令在周汉之间”“近于六经”“两汉以来未有”，等等，可是许多人读了，总觉得不像《祭十二郎文》那样能感动人。因此，现在看来，我们应该撇开传统的观点，说《祭鳄鱼文》并不像过去有些人吹捧的那样好，而是远远不如《祭十二郎文》。这样评定，其理就是：祭鳄鱼多少有些卖弄道学的声势，所以说了不少门面话；而祭十二郎则出于至性，所以能够语句中含有泪水。

4. 例如清朝早年有个顾炎武，晚年有个龚自珍，都是大作家，可是文风不同：顾平铺直叙，像是用文言说家常话；龚则不然，左曲右折，像是用文言种奇花异草。譬如同是谈居庸关，顾文是：

又西六里为居庸关南口，有城，南北二门。《魏书》谓之下口，《常景传》："都督元谭据居庸下口。"……《元史》谓之南口。自南口以上，两山壁立，中通一轨，凡四十里，始得平地，而其旁皆重岭叠嶂，蔽亏天日，《水经注》所谓"山岫层深，侧道褊狭"，"晓禽暮兽，寒鸣相和，羁官游子，聆之者莫不伤思"者也。（《昌平山水记》卷上）

龚文是：

居庸关者，古之谭守者之言也。龚子曰："疑若可守然。"何以疑若可守然？曰：出昌平州，山东西远相望，俄然而相辏相赴，以至相蹙，居庸置其间，如因两山以为之门，故曰"疑若可守然"。……故曰"疑若可守然"。下关最下，中关高倍之，八达岭之俯南口也，如窥

井形然，故曰“疑若可守然”。（《定庵续集》卷一《说居庸关》）

这里撇开内容，专说文笔，顾文如直性人，有什么说什么；龚文如城府很深的人，说话总想拐弯抹角。在文学史上，龚是诗文大家，顾的大名主要不来自诗文。可是我个人总有个偏见，认为无论诗，无论文，总是顾的平实而少疵病；龚有才有学，其失为一下笔就想不同凡响，以致有时佶屈聱牙，生硬费解，所以求上反而落于下乘。这样评定，其理就是：自然比造作好。

5. 例如南北朝晚期有两部名著，徐陵《玉台新咏》和颜之推《颜氏家训》。两书都有序（颜书名《序致》）。徐序是用骈体写的，文字美，典故多，声韵铿锵，显然用了大力量；颜序只是用当时习用的文体说些家常话，修辞方面似乎没有用功夫。举二序的结尾为例。徐序是：

固胜西蜀豪家，托情穷于鲁殿；东储甲馆，流咏止于洞箫。娈彼诸姬，聊同弃日；猗欤彤管，丽矣香奁。

颜序是：

每常心共口敌，性与情竞，夜觉晓非，今悔昨失，自怜无教，以至于斯。追思平昔之指，铭肌镂骨，非徒古书之诫经目过耳也，故留此二十篇，以为汝曹后车耳。

徐文秾丽，颜文平淡，我个人觉得，还是颜文意味厚一些。这样评定，其理就是：以人的面貌为喻，涂饰太过反而不如不施脂粉，以本色出现。

6. 例如谢灵运诗与《古诗十九首》相比，谢诗辞藻很讲究，内容、篇章等很精练，不能说不好，可是如果我们放下它，接着读《古诗十九首》，就会觉得，还是后者情境真、味道厚，所以应该列入更上乘。这样评定，其理就是：朴厚、纯真比藻丽、精练更可贵，因为真挚、朴实最能感人，是更难达到的境界。

与传世的文言作品相比，以上所举不过是沧海之一粟，并且出于主观，可能都很不妥。这里想着重说的其实只是，学文言，想提高，就必须培养自己的眼光。这虽然不容易，但既然非此不可，我们就只好勉为其难了。

九　循序渐进

学习文言，目的是由不会而会。由“不会”起，开头是界限鲜明的，第一次听别人讲或自己读文言作品，即《红楼梦》起始所谓“此开卷第一回也”。“会”则没有止境，一是因为文言典籍浩如烟海，无论如何总不能遍览；二是因为“知也无涯”，无论多么博雅，总有自己体会不透的，甚至理解错误的。就我们一般人说，学习文言，由开头起，不过向前走很短的一段路。但是就是这一段路，也要走得得法才能够顺利前进。怎么能够得法呢？概括地说要循序渐进。

学习文言的循序渐进，情况可以由四个方面说明。

（一）由浅而深

这个原则之为正确而重要用不着说，困难在于怎么能够准确地评定深浅。典籍太多，情况过于复杂。比如说，今的比古的浅，这样说好像不错，可是宋朱熹等辑的《近思录》反而比《论语》难讲难读；记叙性质的比议论性质的浅，这样说好像也不错，可是《左传》反而比《孟子》难讲难读。几乎任何概括的论断都有例外。又一书一篇之中，部分与部分间也可能有深浅的差别。因此，假定我们已经选定某些作品作为学习文言的读物，而想由浅入深地把这些作品准确地排为“一”字雁阵，即使非绝对不可能，也总是相当困难。可行的办法是：① 信任自己的感触，两种或两种以上读物同时尝一尝，先读那个容易下咽的。② 注意差别比较大的，如《荀子》和《韩非子》，可以确定后者是比较浅的，要先读。③ 两种作品，不能一眼看出深浅，要安于差不多，如《战国策》和《史记》，可以任意选定一种先读。

（二）由少而多

这和学习其他事物一样，熟悉之前不能贪多，熟悉之后不只可以贪多，而且必须贪多。所谓多少主要包括三个方面。一是数量方面。开始时期，无论讲还是读，都要脚踏实地，一词一句都搞清楚，记牢，读熟，这就不能快。这样慢慢来，牢和熟在记忆中生根，就成为继续前行的资本。举实例说，初中程度开始学文言，一周不过学习一两篇不很长的文章，到大学，文言稍有根底并且喜欢阅读的，一周读一部陆游《老学庵笔记》没有什么困难。二是篇幅方面的多少。学习文言，几乎都是由读小诗、短文开始，到有了相当程度，可以读某一作家的选集。再前进，可以读全集，直到读很大部头的，如《乐府诗集》《资治通鉴》之类。三是门类方面的多少。开始时期，所读是一般选本（包括课本）中的诗文，到底子厚了，理解能力强了，那就可以到文言典籍的大海里漫游一下，三教九流（直到《六祖坛经》和《云笈七签》等），五花八门（直到《回文类聚》和《楹联丛话》等），都可以翻开看看，觉得有意味就读一读，没有意味就扔开。

（三）由慢而快

开始学，生疏，自然不能快。渐渐熟悉，有的以前需要讲解的，现在不需要了，以前碰到搞不清什么意义的，现在如见故人了，自然就不必再慢。这是“事实上”的必致如此，用不着多说。需要注意的是“道理上”的应该由慢而快。学语言，学得好的主要来源是“熟练”，其次才是“明理”。熟练由多经历来，甲读了五万字，乙读了五十万字，假定理解精粗程度相同，乙的造诣就会比甲高得多。要多读，而时间有限，所以在可能的情况下要尽量求快。（关于快的方法和限制，后面还要补说。）

（四）由借助到自力

开始学，像小孩子学走路一样，要有人搀扶。搀扶是他力，目的是培养自力，渐渐不必搀扶而自己能走。学习文言也是这样，开头必须借助他力。这所谓他力，包括教师、注解和辞书（扩大范围，可以说工具书）三个方面。三个方面作用又不尽同。教师照顾得周到，但管的时间短，比方说，到学的人相当于大学程度，教师就可以退居顾问的地位，让年轻人自己去摸索。注解，有新注和旧注之别，新注比较详细、浅易，有相当程度之后可以逐渐离开或大部分离开；旧注简单，多集中于难点，底子厚了也只能小部分离开。至于工具书，因为文言作品内容很杂，有的还文字深奥，读而不能完全理解是常事，所以离开教师之后，尤其读没有注解的，要常常翻检。学习文言，使用工具书是非常重要的习惯和本领，有此本领，许多疑难可以顺利解决，无此本领则处处坎坷，甚至寸步难行。因此，利用工具书，由表面看是借助他力，而实质则是更深远地依靠自力。

以上说循序渐进，偏于阐明概括的道理；为了实践，更加重要的是如何具体做。不过说到具体，在选定文言读物方面却困难很大。这里有几个消极因素：① 评定读物的深浅难于十分准确的；② 学习的兴趣和条件，人与人难于尽同；③ 读物的供应情况难于掌握；④ 专为学习文言而编印的读物（尤其排成系列的）还不很多。因此，依照学习先后开个书篇目录，作为若干年的阅读课表，既非常困难，也是不切实际的。不得已，只好半概括半具体地说说。这可以分作三个方面：① 读什么；② 怎样读；③ 常规和灵活。

（一）读什么

显然，这里因人而异。人，年龄、地位、程度、兴趣等可以差得很多，因而以不变应万变的办法必然行不通。这里先说在学校读书的，以初中为例，当然要以学习语文课本上的文言作品为主。但课本上文言教材数量不多，无论为适应学生的“行有余力”，还是为加快前进速度，都要以课外读物为辅。选择课外读物，一要程度适当，不过于艰深；二要趣味性较强，以求不用教师督促，学生会主动地去学。这样的浅显读物过去出版过一些，如吕叔湘先生《笔记文选读》、上海古籍出版社《唐诗一百首》、胡云翼《唐宋词一百首》之类都是。具体选什么，选多少，最好由教师指导。

不在学校的（在学校的也可依此类推），不管初学还是已经有相当程度，选定读物，都可以参考以下的意见做（情况复杂，只能略举几项为例）。

1. 在多数情况下，可以先今而后古。无论由内容看还是由文字看，都是古代的作品离我们比较远，远，所以更生疏，难懂难学。例如同是传记文章，《史记》列传部分比《清史列传》难得多；同是议论文章，贾谊《新书》比黄宗羲《明夷待访录》难得多。像这种情况，如果我们今古两种都想读，就应该先读近代的，后读古代的。

2. 在多数情况下，可以先记事而后说理。事是具体的，不费思索就能够想见，理是抽象的，要深入思索才能够领悟，所以前者易而后者难。例如同是战国时期著作，《战国策》记事，《荀子》说理，前者比后者容易读。同一个人的作品也是这样，如柳宗元《种树郭橐驼传》是记事，《封建论》是说理，前者比后者容易读。自然，同是记事或说理，也有难易之别，如陆游《入蜀记》和王士禛《蜀道驿程记》是性质相类的记事著作，可是前者比后者难读；汉朝《白虎通德论》和《盐铁论》是性质相类的说理著作，可是前者比后者难读。又，一部书或一篇文章，常常既有记事成分又有说理成分，两种成分的比例又各式各样，选定时只好就事论事，随机应变。

3. 先散体而后辞赋、骈体。由文体演进的历史看，散体和辞赋、骈体是两条水流。两条水流并排自高而下，有时接近甚至重合（在某些作家的笔下），但一瞬间又离开，各走各的路。散体有如实干家，重在言行的致用，所以穿着质朴，甚至不修边幅。辞赋、骈体则不然，有如赵女郑姬，重在炫耀自己的如花似玉，所以不能不浓妆艳抹。因此，自《楚辞》汉赋以下，直到后代的青词、寿序，等等，都是满目珠玑，骈四俪六，虽然内容并不深奥，却很不容易读。这样，如果我们想读的两种书或两篇文章，恰好有散体与辞赋、骈体之别，如《古文辞类纂》和《昭明文选》，李清照《金石录后序》和王勃《滕王阁序》，那就可以先读前者。

4. 散文和诗词，先读哪一种合适，不能一言以蔽之。因为散文有深有浅，诗词也有深有浅。散文有散文的难点，可能道理很深，如《墨子》的《经上》到《小取》，僧肇的《肇论》；诗词有诗词的难点，可能意境隐曲，如李商隐的《无题》诗和吴文英的词。可行的办法只是就事论事，像初中语文课本那样，浅近的散文和诗交错着选读，以后逐渐加深。

5. 先一般而后专门。所谓一般，意思是：① 见到的机会多；② 内容属于常识范围或与常识接近；反之是专门。前者如《史记》、杜甫诗、韩愈《师说》、黄宗羲《原君》之类；后者如张机《金匮要略》（医学书）、僧祐《宏明集》（佛理书)、卫夫人《笔阵图》(论书法)、范缜《神灭论》之类。显然,专门的内容生疏而艰深,文字也与习用的有距离,因而难读得多,如果想读,就要放在后期(研究某种专业的要另作安排)。

6. 先选本而后全集。有不少公认为优秀而重要的古籍,昔人有选本、评点本,近年来做古籍选注工作的更多。古籍,不管作者多么高明,只要内容相当多,总难免大醇小疵,或说是其中一部分更好,这是一。还有二,内容多,性质杂,其中可能有非一般读者所需要的,所愿读的(如《史记》的《天官书》《三代世表》),为普及,也需要有选本。一种著作,如《左传》《史记》《李太白集》《杜工部集》,已经有选本,就应该先读选本,这样可以少费力而得其精华;然后读全集(不做专门研究的可不读)。选本,有独选一家本,如王伯祥《史记选》、冯至《杜甫诗选》、刘乃昌《苏轼选集》等;有合选诸家本,如人民教育出版社《古代散文选》、季镇淮等《历代诗歌选》、龙榆生《唐宋名家词选》等。如果时间少,不能读得很多,或者为了先鸟瞰梗概,更容易入门,都可以先读合选本,然后先尝后买,按图索骥,自由选读独选本,更其后,如果对某家兴有未尽,再找全集读。

7. 先今注而后古注。为古籍作注,今人与古人比,目的虽然无别，做法却大不相同。今人作注如教师讲书，细致浅显（绝大多数用现代汉语），面面俱到。古人作注就不同，或重训诂，或重考据，只触及他认为必要的点点滴滴而不面面俱到（当然用文言）。所以今注易而古注难，今注用处大而古注用处小（对初学说）。这里说先今注而后古注，包括两种意思：①一种书，如《孟子》，古有汉赵岐注、宋朱熹注、清焦循等注，今有杨伯峻注（《孟子译注》），那就应该用今注本，或者先用今注本；②两种书，性质相近，深浅差不多，一种有今注，如《四书》里的《论语》（杨伯峻《论语译注》），一种只有古注，如《四书》里的《中庸》，那就应该先读有今注本，放下没有今注的，将来再说。

8. 先经过整理的而后未整理的。所谓整理，有各种情况，这里主要指断句和加注。断句和加注又有新旧之别，新的加标点（旧的只句读），用现代汉语详说，自然更容易读。但古籍没有断句加注的很多，我们学文言，如果底子越来越厚，兴趣越来越浓，胃口就会越来越大，那就不能俟河之清，而不得不涉猎没经过整理的。没经过整理的，难读，当然要尽量排在后期。在没经过整理的典籍之中，有的有句读而没有注，有的有注而没有句读，有的二者都没有，这也要排个次序，最后读既不断句又没有注解的。

（二）怎样读

以上是说“读物”的循序渐进。读的“方法”也有循序渐进的问题，可以分作四个方面说。

1．初学要“懂”，要“熟”，二者之中尤其要强调“熟”。语言，用词、语、句表意，怎么样就能表达什么样的意思，完全靠约定俗成，因此，想会，就必须熟悉这个约定俗成。学习现代汉语是这样，学习文言也是这样，不熟悉相当数量的词句，碰到没读过的，就不能确定它是什么意思。俗语说，熟读唐读三百首，不会作诗也会吟。有人认为这是老一套，不科学，不如多靠规律，一通百通，于是把大部分精力放在细讲解、多分析上。其结果是听的多、想的多，而很少读，脑子里就不能印上文言习惯，理解文言的能力就不会比较快地提高。要怎么样学呢？以初学为例，听讲或自学一篇，比如苏轼《赤壁赋》，词句都正确理解之后，要熟读。方法是这样：①要在声音的大小、快慢、抑扬顿挫中确切体会词句的意义及其前后的联系。过去有人嘲笑私塾先生，读书时慢条斯理，摇头晃脑，闭目吟味，像是陈腐得很可笑，其实这也许正是全神贯注的表现，想读而多有所得就要这样。②快慢的程度要以能不能确切体会词句的意义及其前后的联系为准，如果快而不能确切体会，就慢；能，就快。③这样读三四遍或两三遍，放下，过两三天或三五天，要拿出来，再读两三遍。这样至少重复三四次（喜欢读还可以更多，直到能背），到相当熟了再放下。这一篇如此，学其他篇还要如此。一篇熟，两篇熟，许多篇熟，基本功越来越深厚，前进就可以一帆风顺。

2. “精”与“博”要配合得适当。上一段举读《赤壁赋》为例是精。以走路为喻，精是脚踏实地，一步一个脚印。但走路还有另一个重要要求，早达到目的地，所以总是慢慢踏还不成，同时要快，也就是多读，或说博览。两者怎么样配合呢？先说精。从初学的一端到另一端的无止境，对某些作品，或者因为它是基本的，或者因为读者有特殊需要，都要精读（就是后期，至少也要透彻理解）。所谓基本，传统的评定是大致可信的，如同是《春秋》的传，《左传》比《谷梁传》基本，同是六朝作品，《世说新语》比王嘉《拾遗记》基本。所谓特殊需要，如读者是研究经济史的，就要精读史书《食货志》。只是精读的时间可以有变化，早期必慢，以后可以逐渐加快。博览呢？由初学起向前走，大致可以这样变化：①由少而多。例如初中一年级语文课本上的文言教材一学期不过一千字左右，课外读几千字甚至上万字不会有什么困难；十年八年之后，如果锲而不舍，半年涉览若干种书也不会有什么困难。② 由浅而深。初学，理解文言的能力差，只能读浅易的；程度高了，读得多，深浅都会碰到，有时还要着重读深的。③ 由精而粗，初学读课外读物，也要字字寻根问底，否则会雾里看花，仿佛有所感而实际无所得；有相当造诣之后就可以（尤其读某些不关紧要的作品，如冷僻的笔记之类）一瞥而过。这样快，有的地方难免不完全了解，这也无妨，多与精不能两全的时候，舍精取多也是有好处的。④ 由醇而杂。初学，进程慢，有限的时间必须用在刀刃上，读物就要是精选的；到造诣相当高的时候，就可以东翻翻，西看看，举例说，像《汉魏丛书》那样杂，涉猎一过也不难。总之，还是前面说过的话，学通文言主要靠熟，而博览则是熟的必要条件。

3. 要学习使用工具书。工具书包括什么，怎样寻检，本书的附录部分还要择要介绍。这里只想说明，学习文言不能总靠教师和注解，因为教师常常不在跟前，有不少文言作品没有注解，或者虽有注解而不够详细。工具书，只要能找到，就常在身边，不只内容丰富，而且诠释确切，所以由初学起就应该手勤，培养寻检的习惯，积累寻检的知识。使用工具书也要循序渐进。最初是查普通的辞典，以补教师讲解和注解的不足。其后，讲解和注解的作用逐渐减少，寻检工具书的作用逐渐增多，直到完全离开教师和注解，能够翻检多种常用工具书（甚至类书、政书等），以解决阅读中碰到的大部分疑难问题。工具书的一部分是目录性质的，从博览的角度看，有特殊的重要性，因为它好像游览的向导，不只可以保证游者不迷路，还可以指引游者看到一切名贵的景物，所以更要经常利用。

4. 要以理性知识为辅。所谓理性知识，是指一般介绍古汉语常识的书里讲的那些知识，包括文言词汇、文言虚词用法、文言句法特点、与现代汉语的比较等。初学文言，接触文言词句不多，一知半解，所得是感性的。感性的零碎知识逐渐增多，自己也会有意或无意地总结一下，如“去”的意义一般是“离”，不是“往”，“是”经常是代词而不是系词，等等，这样总括来的认识是理性知识。理性知识有系统性，可以使感性知识更清楚、更巩固。因此，到学习文言颇有进益的时候，找一本介绍古汉语常识的书看看是有好处的。但这好处是辅助性的，不当喧宾夺主。所以这样说，是因为：①就学习语言说，通的主要基础是熟，不是记道理；②古汉语知识的起作用，要在有相当数量的感性知识之后；③某一具体词句的确切意义，常常不是概括知识所能决定的。有的人出于一片好心，想下小网而得大鱼，讲授文言，一开始就把重点放在语法分析上，如说“公将鼓之”的“鼓”是名词作动词用，“吾谁欺”是“吾欺谁”的倒装句法，等等。这样讲讲好像也没什么不可以，其实是所得未必能偿所失。因为：① 说法本身有问题，“鼓”是名词，这是怎么知道的？显然，这是用现代汉语的尺去量的，如果用古汉语的尺去量，它就很可能是既名又动。“吾谁欺”，古汉语经常这样说而不说“吾欺谁”，既是常态，算“倒装”合适吗？用现代汉语的架子装古汉语，很容易成为脱离实际的臆说，是不妥当的。② 即使这些知识都记住了，碰到一些新的词句，如“齐人三鼓”“吾谁与归”，就能用旧框子一套而确切理解吗？显然不见得。③ 让初学硬记这些，多少总要占去一些时间和注意力，而用处却很少，是不合算的。因此，按照循序渐进的原则，古汉语的理性知识，以放在辅助地位，晚一些学习为宜。

（三）常规与灵活

以上所讲循序渐进的安排，是一般情况下的常规。学习文言，一定要照常规办事，不可灵活吗？显然不能这样机械。在旧时代，绝大多数人是先读四书五经，这是由深开始而不是由浅开始；有的人学会文言，是先读《天雨花》《聊斋志异》之类，这是由杂览开始而不是由精读开始；还有的人是识字不多就读《纲鉴易知录》，进而读《资治通鉴》，这是由大部头开始而不是由零篇开始。可见事实是条条大路通长安。关键在于能不能勤，能不能坚持；能，则其结果是“熟”，自然就可以学会。那么，是不是可以不要常规呢？也不然，因为我们是生活在现代，学习的内容和条件与旧时代大不同，昔人的办法我们不能照搬，也不必照搬。但是参考的价值还是有的，就是说，常规之下可以容许有限度的灵活。举实例说，初学，在按部就班的行程中，偶尔碰到王利器《颜氏家训集解》（上海古籍出版社出版），注用文言，比较深，可是翻翻，觉得有兴趣，就可以一篇一篇看下去；甚至偶尔碰到的是没有注解的《阅微草堂笔记》（上海古籍出版社有新排印本），翻翻，觉得有兴趣，也可以一则一则看下去。底子还不厚的时候，这样涉览自然会感到困难，有些词句似懂非懂，甚至完全不懂。但这也无妨，因为其结果是：①看多了，原来似懂非懂的，懂了，完全不懂的，好像有些懂了；②很多人有这种经验，读深的，虽然不能透彻领悟，可是回过头来读浅一些的，觉得轻而易举了。总而言之，是很有助于提高。为了更快地提高，常规与灵活要互相辅助。常规之所以能成立是由于能够保证稳步前进，如果灵活一下反而可以比较快地前进，又何乐而不为呢？

十　行文借鉴

我们现在讲读文言，一般说，目的并不包括学会写。这倒不是完全因为学写太难，而是主要因为应该用现代汉语作交际工具。当然，不要求写并不等于禁止写，有的人喜欢读，读多了，资本逐渐雄厚，有时见猎心喜，也顺口哼哼仄仄平平仄仄平，或者在只给自己看的什么文字里，如日记，或者只给予自己有同好的人看的什么文字里，如信札，完全用文言写，自然也未可厚非。这样练习使用文言，对学习文言或许还有些好处，因为会有助于熟悉、巩固。但这终归是少数人足不出户的事，说话或写作，经常是给很多人听、很多人看的，为了意思能够顺利地传达，我们必须用现代汉语说，用现代汉语写。

用现代汉语写文章，能够从文言里得到什么助益吗？有人说，不但无益，反而有害。以中学阶段为例，有的学生语文程度不高，使用现代汉语还拿不稳，念了一些文言，于是拿起笔来文白掺杂，弄得非驴非马。想来这是事实，但应否归咎于学文言却还要分析。我个人看，这现象的根源恐怕是：① 现代汉语没有学好，不能随心所欲地表意；② 还不了解文白的关系，甚至错误地认为，掺用一些文言可以抬高现代文的声价。但这现象也可以说明一种道理，就是想要古为今用，必须今已经通了，对古也有相当的认识。因为文言尚未学会，你就不知道它有什么优缺点，也就不能借之为鉴；现代文不通，没有定型，你就不能以之为本，来吸收身外的营养。由此可见，所谓行文借鉴，在学习文言的进程中是后期的事。后期，却并非不重要，因为既然要学，就总会有后期；又，如果有提高现代文的作用，我们就没有理由不重视它。

用现代汉语写文章，以文言为借鉴，做法当然不出两个方面：一是正面的，取其优点；二是反面的，避其缺点。取，避，先要知道什么是优缺点。尤其要注意的是如何取，如何避。写文章，偶尔引一两句子曰、诗云之类，以增强内容的分量，当然可以，但这引文还是以文言的面貌出现，没有“化入”现代文，并不是本文所谓借鉴。另一种情况是，兴之所至，随手抓来一些文言词语，放在现代文里，圆凿方枘，文白不能水乳交融，更不是本文所谓借鉴。借鉴，要取其神而遗其形；或者偶尔采用少数词语，这虽然是形取，放在现代文里却顺理成章，能够更恰当地表意，像鲁迅先生的有些作品那样，当然也未尝不可。总之，要把来自文言的东西“融会”到自己的笔下，而不是“掺杂”在自己的文章里。

取其神而遗其形，如果能够做到，水乳交融没有问题。问题是采用少数词语，要怎么样才是“融会”而不是“掺杂”。情况千变万化，很难具体说明。勉强说，可以用耳朵作个尺子，量一量，凡是听起来生硬，明显觉得不像日常说话（包括谈论学术问题）的，是“掺杂”而未“融会”，反之是已经“融会”而不是“掺杂”。自然，这也要听的人有现代语文的普通修养才成。

就词语说，写现代文，来自文言的助益有两条路径。一是直接输入，像一些老前辈作家，文言资本雄厚，下笔随手拈来，文中有时出现文言词语，就是这样。初学，文言资本有限，在这方面不能学，也不必学，因为弄不好会画虎不成反类狗。另一条路是间接输入，就是熟悉文言之后，写现代文，选用词语可以面较广，意较确，因为现代汉语的词语，绝大部分与文言词语有传承关系，熟悉文言词语的底细，使用时就容易量才为用，左右逢源。

学会文言有助于选用词语，这虽然是事实，却很难证验，很难在做法方面讲出什么具体道道来。那么，还有什么能言传的值得借鉴的呢？也还有一点。这可以分作三个方面说：① 避免误用；② 吸取优点；③ 引为教训。

（一）避免误用

上面说过，文言与现代汉语有传承关系，所以现代汉语里有不少东西，到现在还有明显的来自文言的痕迹，其中最突出的是成语。这类东西，比喻说是进口的，有人还不很熟悉其用法，因而使用时就可能出错。如下面的例就是。

（1）这样的新疗法应该公诸于世。

（2）我们植树大队于下午五时凯旋而归。

（3）主犯坦白交待了罪行。

（4）以为可以如愿以偿，结果是黄粱梦一场。

（5）人人积极主动，日以继夜地干。

（6）学数学更要按步就班地来，不能三级跳。

（7）要动脑筋，闯新路，不要总是固步自封。

（8）开始学可以一步一趋，但不能总是这样。

（9）虽然年老体衰，也要雄关漫道再越。

（10）这不能视如敝帚，随手扔掉。

（11）有些货脱销已久，却无人问津。

（12）我是老骥伏枥，干不了什么了。

例（1），“诸”是“之于”的合音，说“公诸于”，等于说“公之于于”，当然是错的。例（2），“凯旋”是唱着胜利歌回来，以下加说“而归”，等于说两次“回来”，不妥。例（3），“交待”应作“交代”，这用的是《左传》庄公八年“及瓜而代”的典故。例（4），“黄梁”应作“黄粱”，这用的是唐人小说沈既济《枕中记》的典故：一个姓卢的读书人在邯郸客店枕着吕仙翁的枕入睡，享尽荣华，及至醒来，“主人蒸黍未熟”。“黍”是“粱”，不是“梁”。例（5），“日以继夜”的意义是用白天继续夜里，也就是夜里干不完，白天接着干，自然不合情理，应该说“夜以继日”。例（6），“按步就班”应作“按部就班”，“部”“班”都是总机构之下的小单位，“步”不是。例（7），“固步自封”应作“故步自封”，这用的是《庄子·秋水》寿陵余子往邯郸学行不成，“又失其故行”的典故，“故”是旧有的意思。例（8），“一步一趋”应作“亦步亦趋”，这用的是《庄子·田子方》“夫子步亦步，夫子趋亦趋”的典故，意思是照样学，不是一步一小跑。例（9），“漫道”是随口说、莫要说的意思，这里指漫长的道路，是错解词义。例（10），曹丕《典论·论文》有“家有弊（敝）帚，享之千金”的话，一般用“敝帚”都本此义，表示自己看重。这里应用“敝屣”。例（11），“问津”表示求、取或买，这里应说无人过问。例（12），曹操《步出夏门行》说：“老骥伏枥，志在千里。”这里表消极的意思，不对。像这类说法，如果我们熟悉文言，了解词语的出身和性格，使用时就不会出错了。

（二）吸收优点

与以上说的避免误用相比，吸收优点的情况比较复杂，比较抽象。可是更重要，因为写现代文，借文言为鉴主要是在这方面。我们都知道，在遣词造句、组织篇章，以及记人记事、抒情写景等方面，文言有许多优点，能不能把这些优点吸收到现代文里，做到功效显著而不留痕迹呢？自然不很容易。但只要用心，多体会，勤练习，逐渐接近还是可能的。用心，要由认识文言的优点起，走向自己笔下有意地求形似，并渐渐过渡到无意地得神似。形似、神似，都比较难说；以下着重说说文言的优点，也只是举例，供学习文言而想多致用的人参考。

1. 简练。我们读文言作品，都会感到文言有个明显的特点，句子和篇幅都比较简短，因而显得干净、充实、紧凑。简短，原因的一部分是词的字数比较少：文言使用单音词比较多，到现代汉语里，许多单音词变为复音词了。但主要还是由于句子短和篇幅短。自然，长短是形式方面的事，形式要为内容服务；如果表现某种内容需要长，当然也未可厚非。不过也要承认，常常有这种情况，本来可以短，甚至短了表现得更鲜明，有些人却惯于用长句，写长篇。像这种情形，就应该尽量学习文言，把可有可无的字和别扭的说法去掉，以求短小精悍、干净利落。

2. 词汇丰富，表达方式变化多。这种特点也是很容易觉察的，比如同是一千字的文章，统计用词的数目（重复的不计），文言比现代文一定多好多；表现相类的意思，文言可用的形式也比现代文多。多，其结果不只显得灵活，而且常常能够更确切，所以值得仿效。

3. 由修辞的角度看，炼字的工夫深。在这方面，文学史上流传的故事不少，如“僧敲月下门”“春风又绿江南岸”“红杏枝头春意闹”之类，虽然过于在这上头耗费精力难免有舍本逐末之嫌，但是认真求好，不草草了事的写作态度还是可取的。

4. 写情写景长于造境。文言里有不少大家熟悉的名句，如文的“暮春三月，江南草长，杂花生树，群莺乱飞”，“落霞与孤鹜齐飞，秋水共长天一色”；诗的“大江流日夜，客心悲未央”，“云里帝城双凤阙，雨中春树万人家”；词的“落花人独立，微雨燕双飞”，“今宵酒醒何处？杨柳岸晓风残月”；曲的“花落水流红，闲愁万种，无语怨东风”，“良辰美景奈何天，赏心乐事谁家院”：都能用少数文字点染，画出一种优美的境界。现代汉语或者由于不注意，或者由于句法松散、冗长，已经不大有这种本领。能不能以文言为借鉴，在这方面有所创造呢？这就有待于作家们努力了。

5. 委婉。这也是文言中常见的一个特点。表现在多方面，由谦称到避讳等等都是。其中不少是封建社会的糟粕，如上书一定要说“死罪死罪”之类。但也有一些，如《论语·先进》：“非曰能之，愿学焉。”《左传》僖公三十三年：“若从君惠而免之，三年将拜君赐。”《资治通鉴》卷六十五：“今治水军八十万众，方与将军会猎于吴。”都是意思很真率而话说得很委婉，显得比直说巧而得体。现在，需要这类辞令的机会大概不多了，不过在适当的场合，直说显得粗野莽撞的时候，学学文言的这种手法还是有好处的。

6. 注意句法整齐。文言作品着重修辞，办法比较多。有些比较琐细，可以从略，这里只想谈两个方面：句法整齐和声音和谐。所谓句法整齐指字数相同（少数只是相近）的语句的重复。又可以分为三种情况。一是散行，如“寺西有园，多饶奇果，春鸟秋蝉，鸣声相续。中有禅房一所，内置祇园精舍，形制虽小，巧构难加”。（《洛阳伽蓝记》）二是对偶，如“遥衿甫畅，逸兴遄飞。爽籁发而清风生，纤歌凝而白云遏。睢园绿竹，气凌彭泽之樽；邺水朱华，光照临川之笔。”（《滕王阁序》）三是排比，如“今陛下致昆山之玉，有随和之宝，垂明月之珠，服太阿之剑，乘纤离之马，建翠凤之旗，树灵鼍之鼓……则是夜光之璧不饰朝廷，犀象之器不为玩好，郑卫之女不充后宫，而骏良駃騠不实外厩，江南金锡不为用，西蜀丹青不为采”。（《谏逐客书》）这样运用整齐的句式表情达意，我们读了会感到内容更切实、更显豁，而且形式上有回环往复之美（其中有音韵美的因素）。现代文想照猫画虎自然有困难，但是在适当的地方酌量用一下，是一定会起不小的修辞作用的。

7. 声音和谐。这比较多地表现在骈体，尤其是诗词方面。办法是调平仄、用对偶和押韵。我们写现代文，一般用散体，似乎与声音和谐风马牛不相及。其实不然，尤其是调平仄，在散文里也未尝不重要。比如平行的两句，都是平声或仄声收尾，就不如用一平一仄或一仄一平收尾；在一句里，比如达意要用四个字，而两种说法都通顺，与其用平平平平或仄仄仄仄，就不如用平平仄仄或仄仄平平。当然，希望散文做到声音和谐，要求像是高了些，细了些。但这问题还可以从另一面看，辨别声音和谐的能力、喜欢声音和谐的爱好是人本来有的，只要动笔时多多注意，养成修辞的习惯，即使不能句句抑扬顿挫，但做得好一些还是不难的。

8. 风格的百花齐放。写文章，不同的人有不同的风格。现代文自然也是这样，但没有在文言作品中表现得那样显著。风格是作家的才能、学识、性格、兴趣等在文字上的表现，像是不可学，其实不然。苏东坡的文章以奔放流利见长，有人说这是得力于《庄子》，还有人说是得力于《华严经》，如果是这样，那就是学习他人的风格以形成自己的风格。学风格还可以兼采众长，不主一家。学习某作家的风格，化入自己的笔下，这自然是比较难的。但多用心，慢慢来，点点滴滴地吸收还是容易做到的。比如我们已经熟读了先秦的主要典籍，体会到《论语》的风格是朴厚，《庄子》是飘逸，《荀子》是谨严，等等，然后可以就自己的性之所近，心之所好，在自己的文章里，先是有意地模仿，以后渐渐成为习惯，就会不知不觉地得其神理。我国旧时代作家如林，各有各的风格，多体会，多学习，结果就会如蜜蜂的杂采而酿成自己的蜜，收获是不可限量的。

学文言，正面学其优点，可走的路还有很多，只要细心摸索，不难由以上的例类推而得之。

（三）引为教训

任何人类创造的事物都有好有坏，文言作品自然也不能例外。好坏的情况相当复杂，就汗牛充栋的大量典籍说，有的很好，有的很坏，有的大醇小疵，有的很少可取，有的瑕瑜互见，有的可上可下；就一种书或一篇文章说也是这样。有好处，我们要容纳；有坏处，我们要唾弃。但唾弃的办法是消极的，不如更进一步，了解坏处的所以然，把它当作反面教员，引为鉴戒，以期不在现代文里蹈其覆辙。

文言作品的缺点，常见而比较明显的可以分为两类：一类偏于内容方面，是言之无物；一类偏于表达方面，是不能平实自然。

先说内容方面。文言作品是旧时代的人写的，旧时代的人，思想受旧时代的影响是自然的，对此，我们不应该苛求。但是提笔写作，不管你旧到什么程度，总要有所信，有些见识，并且能够说得合情合理。有些作品不是这样，而是内容很贫乏，专在文字上耍花样。这又可以分为三种情况。一种是极力求秾丽，修饰铺张，像隋朝李谔所批评："连篇累牍，不出月露之形；积案盈箱，唯是风云之状。”由汉朝起直到初唐，不少赋和骈文就是这样。一种是虚张声势，“呜呼”“盛矣哉”一大堆，由表面看像是有所感而发，慷慨激昂，煞有介事，仔细一推敲，却完全是背诵老调，毫无新意。像吕祖谦的《东莱博议》和其他人的一些史论就是这样。一种是无病呻吟，心中本来没有实感，饱食之余，附庸风雅，也装腔作势地说说愁、抹抹泪，明眼人一看就知道是扮演。像有些男作家写《寡妇赋》和《闺思》之类就是这样。

再说表达方面。写文章是为抒情表意，所以能够“辞达”就好。可是有些人不以此为满足，偏偏要字面上不同凡响，其结果是既不平实，又不自然。这也可以分为三种情况。一种是极力求古奥。旧时代的读书人，几乎都厚古薄今，人是古的好，文章也是古的好。像明朝的前后七子就更加厉害，主张文必秦汉。其实所谓学秦汉，也只是多用些古字，多用些怪句式，结果是佶屈聱牙，生硬别扭。一种是在词句方面讲究气势，如唐宋以来的有些大家的有些篇章，读起来像是音节铿锵，仔细吟味，总觉得在形式方面用力过多，不是以内容说服人，而是以腔调吓唬人，不像读朴实自然的文章那样心平气和。一种是极力造作，避熟就生，以求出奇制胜。像明朝晚年竟陵派的文章就是这样，拿到手里，想读，却不能顺流而下，甚至不反复琢磨就不知道说的是什么。

集缺点之大成的是元明以来的八股文，用钦定的格式起承转合，代圣贤立言，表面头头是道，骨子里却强词夺理，虚夸疲弱。幸而现在读这种文体的人很少了，谬种不至原样地流传；但百足之虫，死而不僵，借尸还魂的危险还是可能有的，所以至少为了防患未然，以文言中的严重覆辙为鉴戒还是必要的。

附录　工具书举要

讲读文言，只是一般地想教会学会，不是专门研究某学科，也会碰到各式各样的疑难问题。有疑难，向人请教是个办法，但不如依靠工具书，因为既方便，又确实详尽。讲读文言，有使用工具书的知识，翻检工具书的习惯，就能够化难为易，比较快地提高。这方面的工具书，需要经常参考的很有一些，按照性质的不同可以分为七类：一是综合的辞书，二是专门的辞书，三是索引，四是年表，五是类书，六是目录，七是政书。每一类里又包括若干种。以下依次作简略的介绍（常用的、难查的稍详一些）。

一　综合的辞书

1.《辞源》——商务印书馆编辑出版

这部书有旧版、新版两种。

旧版由1908年开始编，是我国第一部综合性的收罗古今词语最多、解释比较清晰翔实的大型辞书。新版《辞源》的《出版说明》介绍它的性质是："以旧有字书、韵书、类书为基础，吸收了现代词书的特点，以词语为主，兼收百科；以常见为主，强调实用；结合书证，重在溯源。"这意思就是，凡是一般书籍中有可能遇到的字、词、语，不论古今中外（实际是中多古多），都收罗在内，所以切合实用。初版于1915年编成，按开本大小分甲、乙、丙、丁、戊五种版式出版，除甲种线装以外，都是上下两册。十几年后，为了吸收新词语，补缺漏，于1931年出版《辞源》续篇。先是单行，到1939年把条目拆散，并入正编，成为合订本，仍为上下两册。字自然用繁体。条目以单字为纲，单字按部首排列。部首分为子、丑、寅、卯等十二集，由子集"一"部到亥集"龠"部，共214部，同于《康熙字典》。单字之下分条排列由该字起头的词语；字数少的在先，多的在后；字数相同的，笔画少的在先，多的在后。注意用反切，主要依据《广韵》，并标明属于哪一韵部（依据《佩文诗韵》）。一个单字有不同的读音、不同的意义，都分项注明解释。解释用文言，只断句。

我国辞书，较早的有不少是按部首排列的，因而翻检时就要先熟悉部首。《辞源》，有的版本后面附有《四角号码索引》，熟悉四角号码的人想查某一词语，利用索引，先查明该词语的页数，非常方便。不熟悉四角号码的人，还是要先熟悉部首。部首共214部，熟悉它不难，难在完全知道某一字入某一部。有些字一看就能断定，有些字就不然。例如“行”不入“彳”部，因为它是部首；“乌”入“火”部，因为“灬”是“火”的另一形体；“状”不入“爿”部，入“犬”部，“相”不入“木”部，入“目”部，等等。碰到这类情况，可以先查书前的“检字”，数数想查的字是若干画（作为部首的偏旁，笔画也算，而查某部所属的字时，则不计偏旁画数），到若干画里去找，如果有它，就可以按下边的页码去找。但《检字》所收的字究竟有限，所以还是常常要靠记。部首难查的缺点之外，使用《辞源》还有不方便之处。如注音用中古的反切，现在的读者难于切准，即使切准了也未必与现代读音相合。又如解释古词语，注出处只举书名而不举篇名，引古籍常常节略而没有表示，都使读者感到不方便。不过无论如何，《辞源》总是综合性大型辞书的开山之作，内容充实，在继其后的《辞海》等问世之前，读古籍，作为案头良师益友，它算是最合用的。

新版《辞源》是根据旧版《辞源》，从1958年开始修订的。关于修订的主旨，《出版说明》说："根据与《辞海》《现代汉语词典》分工的原则，将《辞源》修订为阅读古籍用的工具书和古典文史研究工作者的参考书。"本此主旨，所以把旧版《辞源》中关于现代自然科学、社会科学和应用技术的词语都删去，而增加不少古典的条目。字用繁体。条目按部首排列，基本上同于旧版《辞源》。分订四册，每册前有《难检字表》。注音兼用汉语拼音和注音字母，并标明反切、韵（依据《广韵》）和声纽。解释用现代汉语或浅近文言，比较详尽。引古书为证，标明书名、篇名，比旧版《辞源》翔实。到目前为止，作为学习文言的工具书，这一部是内容最丰富的，我们无妨以之为主，来解决讲读中遇到的各种疑难问题，如果感到还不够，再翻检其他相关的工具书。

2.《辞海》

这部书也有旧版、新版之别：旧版是中华书局编辑出版，新版是《辞海》编辑委员会编、上海辞书出版社出版。

旧版《辞海》是继旧版《辞源》之后一部综合性的大型辞

书，1936年出版，分上下两册；1947年出版合订本，一册。体例大致与旧版《辞源》相同。字用繁体。单字按部首排列，部首不再分子、丑、寅、卯等集；单字下按字数多少、笔画多少排列词语条目。注音用反切，兼用直音，标明韵部（依据《佩文诗韵》）。解释用文言，加标点。书前有《检字表》。内容比旧版《辞源》有所改进，选择条目比较丰富、精当，解释比较浅明确切，引书注明篇名，便于查核。

旧版《辞源》和旧版《辞海》性质虽然相同，所收条目并不一致，解释也或详或略，所以能互相补充。讲读文言，遇见疑难，应该两种都利用。

新版《辞海》是由旧版《辞海》陆续修订而成。先是由50年代起开始修订，1962年初步完成，出版《辞海·试行本》，按学科性质分类，分订16个分册。以后把各类的条目拆散，合在一起，出版《辞海·未定稿》，上下两册。以后再修订，1977年完成，仍按不同学科分类，出版“语词”“哲学”“经济”等二十个分册（其中“语词”分为上下两册）。接着在分册的基础上整理加工，条目拆散，改为按部首排列，分订上、中、下三册，于1979年出版。

三卷本新版《辞海》编辑出版靠后，多方面有所改进。全书收单字和词语十万条以上。用简化字，但单字也收繁体，便于读古籍时查寻。部首经过合理调整，改为250部（调整情况见书前《部首调整情况表》），如“江”入“氵”部，“狼”入“犭”部，比旧部首入“水”部、“犬”部容易辨认。偏旁不清楚的字，可以查书前的《笔画查字表》。如果知道要查的字读什么，最好先查书后的《汉语拼音索引》，那里注明该字的页码，一翻就可以找到。注意用汉语拼音，少数罕见字兼用直音，不再注反切和韵部。解释用现代汉语，加标点。引文注明书篇名，尽量求确切。讲读文言，如果手头没有新版《辞源》，就要多利用这部书。

3.《古汉语常用字字典》——《古汉语常用字字典》编写组编，商务印书馆出版

这是一部小型的专供查古汉语常用字的音和义的字典。所收字分两部分：常用字3 700多个，详注意义；罕用字2 600多个，入难字表，算附录，简注意义。不收词语。字头按汉语拼音字母次序排列。书前有按部首（189部）查的《检字表》。用简化字；繁体、异体加括号，放在字头的后面。注音兼用汉语拼音和注音字母。释义用现代汉语，都引古籍中语句为例证。讲读文言，如果只想知道某字读什么，有什么意义，在此处表示什么意义，用这部字典比较简便。

4.《康熙字典》——张玉书等奉康熙皇帝命令编

在旧时代，这是一部收字最多、注意释义最丰富、体例最完整的字典。康熙四十九年（1710）开始编，康熙五十五年（1716）编成。编时意在广泛收集古籍尤其历代字书韵书中的字，所以收字四万七千多。不收词语。字头按214个部首（前面《辞源》部分已介绍），依笔画多少分别排入子、丑、寅、卯等十二集，每集又分上、中、下。这种依部首排列汉字的方法对后来影响很大，许多辞书都模仿它。每字之下先注音，后释义。注音先用《唐韵》（实即《广韵》）的反切，后用《集韵》《洪武正韵》等的反切，然后用直音。解释字义用《说文》《尔雅》等字书及古代各种典籍，都注明出处。为了解决部首难查的困难，书前有按笔画排列的《检字》，如“止”“允”，我们如果不知道入哪一部，可以查《检字》“四画”，“止”下注明“部首”，“允”下注明“儿部”，就容易找到了。近年来商务印书馆印本书后附有按四角号码编排的《康熙字典索引》，熟悉四角号码的人利用它，查字就更方便了。这部书内容多，编纂时间短，难免有些错误。道光年间奕绘、王引之等编《字典考证》，改正错误两千五百多条，使用这部书时最好兼参考《字典考证》（商务印书馆印本书后附录中有）。这部书版本很多，最好用近年的印本。书的特点和优点是取材广，但就我们现在学习文言说，取材广可能成为缺点，因为绝大部分字我们几乎不会碰到。注音用多种反切，释义用文言，不熟悉古典的人也会感到不方便。

5.《中华大字典》——中华书局编辑出版

这是《康熙字典》之后，一部收字最多的字典，计单字四万八千多，比《康熙字典》多一千左右。我们无妨称它为《康熙字典》的补充修正本。编写于1915年，字自然用繁体。字头按部首排列，214部，分子、丑、寅、卯等十二集，同于《康熙字典》（1978年重印本下角有通贯全书的页码，翻检比较方便）。不收由单字组成的词语。注意兼用反切（主要根据《集韵》）和直音，并注明属于某一韵部（也依《集韵》）。释义用文言，在字头后分条排列。如“一”部第一个字“一”，意义分为三十二条，比《康熙字典》眉目清楚。每条释义都引古书中的语句为证，有助于确切深入地了解文言的字义。难于判断属于某一部首的字，可以查书前的《中华大字典检字》。读古代典籍，遇见特别罕见的字，可以利用这部书。会感到不方便的主要也是注音，且不说反切难切准，就是切准了也未必与现代读音相合，如“一”，现在读阴平，书中还是注“质韵”（入声）。不过无论如何，这部书特点明显，优点很多，它不只可以取代《康熙字典》，而且比《康熙字典》更合用。

6.《经籍籑诂》——阮元、臧镛堂等编

这是一部汇集文字古义的字典，嘉庆三年（1798）阮元任浙江学政时请臧镛堂等几十个人，只用五个月编成的。收字一万多，按《佩文韵府》的文字次序排列，由上平声“一东”“二冬”到入声“十六叶”“十七洽”，共106韵，分为106卷。字头之下没有注音。字义都是从唐朝以前（包括唐朝）的各种典籍中搜罗来的，主要是古代的小学书，如《尔雅》《方言》《说文解字》《经典释文》等书中的训诂材料，以及其他各种古籍中本文或注疏中有关训诂的材料。一字多义，在字头下顺序排列，每种意义都举古籍中训释的语句为证。解释字义不但丰富，而且较古，因而是学习古汉语的重要参考书。只是现在很少人熟悉《佩文诗韵》，查寻某字在哪一卷很困难；近年世界书局印本书前有《经籍籑诂目录索引》，文字按笔画多少编排，下注明页码，可以补救难查的缺点。新近又有中华书局影印本。

以上几种辞书，就解决学习文言时可能遇见的疑难这个要求说，查字是够用了，查词语有时不够用，因为字数有限而词语无限。我国目前正在编纂更大型的包罗万象的辞书《汉语大辞典》，推想编成以后，会使不能解决的疑难减到很少。这类更大型的辞书，还有台湾中华学术院出版的《中文大辞典》、日本大修馆书店出版的《大汉和辞典》（日语解释），如果图书馆里有，可以参考。

二　专门的辞书

7.《辞通》——朱起凤著，开明书店出版

这是一部专解释古代典籍中连语（联绵字）的字典。著者用三十年精力，搜罗连语近四万，先名《新读书通》，于1934年改名《辞通》，二十四卷，分上下两册出版。内容主要是说明：① 某字为某字之音同或音近假借，如523页“翩翻”条，下列“翩翾”“翩幡”“缤翻”“缤纷”四个连语，各引古籍出处，说明这五个连词是同一个词的不同写法。② 某字为某字之义同通用，如441页“抱薪”条，下列“负薪”，说明“抱”“负”二字通用，所以两个连语意义相同。③ 某字为某字之形近而误，如1页“河东”条，下列“可甲”，说明“可甲”应作“河东”，因形近而误。连语条目以下一字为准，按《佩文诗韵》次序排列，如卷一开头的条目为“丁东”“河东”“和同”“冯同”“佥同”等。不熟悉《佩文诗韵》韵部的人，可以利用书后按四角号码编排的《辞通索引》。这部书材料丰富，对于理解古籍中有些词语很有帮助。但个别地方有时出于个人推想，难免牵强附会，使用时要注意。

8.《词诠》——杨树达著，商务印书馆出版，后改由中华书局出版

这是一部讲古汉语虚字（比现代汉语“虚词”范围大）用法的字典，1928年编成。收虚字五百多，按注音字母顺序排列。如果不熟悉注音字母，可以查书前的《部首目录》。解释某字，先把它分为几种词性，然后讲某一词性的几种用法。讲用法，都引古籍上的多种语句为证。读文言典籍，想知道某一虚字有何种用法，在某一语句中是何种用法，可以利用这部书。不过书中的语法术语与现在通行的不尽同，使用时要注意。

9.《古书虚字集释》——裴学海著，商务印书馆出版，后改由中华书局出版

这部书性质与《词诠》差不多，只是内容较繁。1932年编成，分十卷。单字依旧三十六字母归类，按喉音、牙音等次序排列，比较难查。解释用法不标明词类，多引《经传释词》《古书疑义举例》等书中的旧说。

10.《诗词曲语辞汇释》——张相著，中华书局出版

这是一部解释唐宋元明间常见于诗词曲中的较俗较虚的词语的专著，收条目一千多，分为六卷，1945年编成。不论单词或词组，都详细解释其意义，有的还扩展到语源的探讨和语法的分析，并列举诗词曲中的语句为例证。研讨比较深、比较透，材料丰富，有说服力。过去训释古籍中的字句，多忽略这类词语，加以这类词语常常意义灵活，较虚，不好讲，因而成为讲读的难点。对于解决这类难点，这部书确是有很大参考价值。只是条目按诗词曲的顺序排列，不易查寻，使用时可以先查书后的《语辞笔画索引》。

11.《中国人名大辞典》——商务印书馆编辑出版

这是一部专介绍我国历史人物生平的辞典，收由远古到清末的人名四万多，1921年编成。人名按笔画多少的顺序排列，少的在前。我国人名一般包括姓、名两部分，条目的人名用黑圆点把姓和名隔开，如“丁·谓”“上官·仪”等。姓名下注明籍贯，字、号，然后介绍平生简历，以及有何著述。有些名人见于典籍常用别号、官衔等，读书时遇到不知道是什么人，可以查书后附录中的《异名表》，异名按笔画多少排列，下注本名。为了查寻方便，书前有按笔画多少排列的《检字》，较晚的版本末尾有按四角号码排列的《中国

人名大辞典索引》。这部书编著较早，人名下注解用文言，只断句；注解都不提材料来源，不提人物的生卒年（可考知的），使想进一步查考的人感到很不方便；对人物评价的观点自然是旧的：这都是本书还需要改进之处。

12.《中国文学家大辞典》——谭正璧编，光明书局出版，有上海书店复印本

这是一部专介绍我国文学家生平的辞典，收由李耳、孔丘到刘师培、黄为基共六千八百多人。人名按时代先后排列，做法是："录各文学家之姓名、字号、籍贯、生平、卒年（或在世时代）、岁数、性情、事迹、著作等，某项无考者即注明某项'不详'或'无考'字样。其人如有可传之韵事特行、名言隽句，亦均酌量甄录。"（本书《例言》）内容比《中国人名大辞典》详细，解说间用现代汉语，有标点，所以比较合用。想查某一个文学家，要先翻检书后按笔画多少编排的《中国文学家大辞典索引》。

13.《中国古今地名大辞典》——商务印书馆编辑出版

这是一部专解释我国地名的辞典，1929年编成。体例与《中国人名大辞典》相同，前有《检字》，后有《索引》。凡是比较知名的地名，包括政治区划、城镇、山川、关塞、铁路以及名胜寺观等，古今兼收。注古地名，着重解说它

的沿革及现在位置。读文言典籍，遇见历史上的地名，这部书可作重要参考。只是这部书编著较早，近年来的地理变化和地名改易自然无法预知，因而不少地方与现在实况不合，使用时要注意。

14.《嘉庆重修一统志》——清朝官修，有商务印书馆《四部丛刊》影印本

也称《大清一统志》。这是一部全面介绍清朝所辖区域的各方面情况的书，可以当作比较详细的地名辞典用。《一统志》从康熙二十五年（1686年）开始编，乾隆八年（1743年）成书一次，乾隆四十九年（1784年）成书一次，道光二十二年（1842年）成书一次，所介绍情况截止于嘉庆二十五年（1820年），共五百六十卷。内容以政治区划为纲，先京师（北京），后各省及边疆地区，最后还有少数外国。介绍某地，都详说疆域、建置沿革、风俗、城池、学校、户口、田赋、职官、山川、古迹、关隘、陵墓、寺观、人物、土产等方面，可说是丰富而精审。读文言典籍，如果想知道某一地方（如苏州、绍兴）的情况，可以翻检此书的相关部分。如果想查某一地名，可以先查书前按四角号码编排的《索引》。有些地名，《中国古今地名大辞典》里没有，这里常常可以查到。

三　索引

15.《十三经索引》——叶绍钧（叶圣陶）编，开明书店出版

旧时代，《十三经》中语句常为人引用，如果未提出处，现在的读者想知道出于何书何篇，常常会感到困难。这部索引就是为解决此困难而作，1934年编成。体例是以经传的一句或一逗为单位，列为条目，按笔画多少编排，下注书篇名。如十画第一条“乘人之约非仁也”，下注“左定四2”，是表示这句话是引自《左传》定公四年，在开明书店出版的《十三经经文》里第2节可以查到。现代熟悉《十三经》的人不多了，因而读文言典籍，这部索引非常有用。

16.《二十五史人名索引》——开明书店编辑出版，有中华书局重印本

这部书搜集《史记》到《明史》共二十五种正史中的人名，按四角号码的顺序排列，编成索引，于1935年编成。读文言典籍遇见古人名，想知道《二十五史》中有他的传没有，如果有，到哪里去找，用这部书很方便。例如我们想多了解作《神灭论》的范缜，不知道正史里有没有讲到他，就可以利用这部书。如果不熟悉四角号码，可以先查书后的《笔画索引》，九画“范”字在300页，到那里找，301页中栏有范缜，下注见《梁书》卷48，《南史》卷57。如果用的是开明书店《二十五史》本，那里还告诉你页数是1828和2680。

17.《古今人物别名索引》——陈德芸编，岭南大学图书馆出版

文言作品中提到人，常常不用本名，而用别号、籍贯、斋室、谥号等，读时遇见，想知道本名有时不容易。这部书就是为解决此困难而作，1937年编成。别名按横、直、点、撇、曲、捺、趯七种笔形排列，别名后注明本名和属于哪一朝代。一个别名不止一个人用，把几个人的本名都注出来。如果笔形搞不清楚，可以先查书后按笔画多少编排的《检字》。例如读书时遇见“仰视千七百二十九鹤斋”这个怪别名，可以先查《检字》，六画“仰”字在438—439页，到那里查，439页左栏有，下注明是清朝赵之谦。

18.《室名别号索引》——陈乃乾编，中华书局出版

性质同于《古今人物别名索引》。原分为《室名索引》（1933年出版）和《别名索引》（1936年出版），1957年合为一册。室名、别号条目按笔画多少排列。书前有《检字》，注明某字起头的条目始见于多少页。

19.《中国历代人物年谱集目》——杭州大学图书馆编辑出版

想详细知道某一历史人物，或者考实与他有关的某一历史事件，最好读他的年谱。这先要知道他有没有年谱；如果有，到哪里去找。这部书就是为适应此项要求而作，1962年编成。除年谱以外，兼收不名年谱而性质同于年谱的。谱主按生年先后编排，由周公、孔子起，到蔡焕文、陈去病止。书名下注何人编，都有什么版本。书后附《谱主姓名索引》和《编者姓名索引》，都按笔画多少编排。想知道某人有没有年谱，先查《谱主姓名索引》比较方便。

20.《中国历代年谱总录》——杨殿珣编，书目文献出版社出版

性质同于《中国历代人物年谱集目》，1980年编成。除题为年谱者外，兼收“编年”“述略”等，内容比较丰富。总计收历史人物由舜、文王到杜鹏程、李季共1 829人，年谱3 015种（有的人不止一种）。谱主按生年先后编排。书后有按笔画多少编排的《谱主姓名别名索引》，知道人物的本名或别名，很容易查明有没有他的年谱。

21.《四十七种宋代传记综合引得》——1939年哈佛燕京学社编辑出版

22.《八十九种明代传记综合引得》——田继综编，1935年哈佛燕京学社出版

23.《三十三种清代传记综合引得》——杜连喆、房兆楹编，1932年哈佛燕京学社出版

以上三部书性质相同，都是为查考某朝某人有何传记的。“引得”是英语index的译音，意义与索引同。读文言典籍，遇见一个人名，想知道有没有他的传记，如果他是宋、明或清朝的，就可以利用这三部书。三部书的人名都是按该学社独创的按汉字笔形归类的《中国字庋擷法》编排的，不熟悉此种排字法的人可以查书前的《笔画检字》（由少到多）或《拼音检字》（H.Giles《汉英字典》拼法，与汉语拼音不同）。例如我们想知道宋朝秦观有没有传记，就可以翻检宋代那一本，先查《笔画检字》十画，“秦”的庋擷号码是“2 / 59260”，于是到书的后半“姓名引得”部分，找到书上角的“11”部，85页“59260”之下有秦观，下注别名为“少游”“太虚”，第1、2、3、22、29、32号传记里都有他的传。然后翻看书前的《四十七种宋代传记表》，知道1号是《宋

史》，2号是《宋史新编》，等等。如果真想看看《宋史》中的传，可以根据85页“1”后所注“444 / 4b”（即五洲同文书局石印本《宋史》第444卷第4页的背面）去找。如果遇见的人名只是“少游”，可以到书的前半“字号引得”部分去查，那里（5页）“少游”下注明“秦观”，再查秦观就可以了。明代的编法一样。清代的只有“姓名引得”而没有“字号引得”，姓名下不注别名，质量远不如前两种。

24.《中国地方志综录》——朱士嘉编，商务印书馆出版

这是一部介绍我国约三十个图书馆收藏地方志情况的书，1935年编成，1958年出版增订本。书名按政治区划编排，如先河北、山西，最后云南、西藏。用表格形式，书名之下列卷数、纂修人、版本，然后用“×”号指明有哪些图书馆藏有此书。书后有按笔画编排的《书名索引》和《人名索引》。读文言典籍，有时想知道某地方的详细地理历史情况，包括城池、名胜以及历代人物、名宦等，可以利用这部书，然后找该地的地方志查看。

25.《十通索引》——商务印书馆编辑出版

用途及用法留到后面“政书”部分介绍。

四 年表

26.《中国历史年表》——河南省博物馆编，河南人民出版社出版

这是用表格形式，介绍我国历史纪年情况的书，1980年编成。内容包括四个部分：①《历代奴隶和农民起义年表》，②《历史大事年表》（记事很简略），③《历史纪年表》，④《历代年号通检》。第三部分起于西周共和元年，止于清宣统三年，是全书的重点，最有用。例如我们想知道秦始皇即位时纪年情况，就可以翻看战国晚年部分，80页由上向下第三横行注明，前246甲寅年秦始皇即位，其时魏、韩、赵、楚、燕、齐诸国是什么君主统辖，第若干年。又如读书遇见一个年号“太平兴国”，不知道是哪个君主的，就可以查最后《历代年号通检》，四画“太”字下有“太平兴国”，注明是宋太宗的年号。读古籍，脑子里要有个时间的架子，如果模糊或一时期不清楚，就可以查这部书。

27.《中外历史年表》——翦伯赞主编，三联书店出版，有中华书局重印本

这是一部按时间先后，由公元前4500年起，到公元1918

年止，介绍各年内（远古是一个时期）中外有何历史大事的书，1958年编成。体裁是以公元纪年为纲，下述历史大事，先中后外。述中国，先写明干支及帝王年号，以下叙述该年大事（多标明在某月）。述外国，自东而西，最后为美洲诸国。材料丰富，叙述简明。读古籍，想知道某年的全球历史情况，查这部书很方便。但使用时要注意：①历史的一件大事常常延续许多年，本书为体裁所限，只好分开叙述；②中国纪年与公元纪年并不完全相合，如中国部分所述十二月的大事，按公元说有不少可能是次年一月的。

28.《二十史朔闰表》——陈垣著，北京大学研究所国学门出版，古籍出版社修订重印

读古籍，需要搞清楚史实的时间。但中西历法不同，古今历法不同，同一时期，不同的国度历法也可能不同，头绪纷繁，难得整理出统一而正确的条理。这部书就是为解决此困难而作。著者是严谨的史学家，用多年精力写成此表，可说是为考史者准备了最重要的参考书。时代由汉高祖元年到清宣统三年［后补至民国二十九年（1940年）］。每一年，由上到下，写明干支（该年的）和某帝王纪年。再下分十二格，表示十二个月，每一格写明干支，表示此月初一是此干支。十二格之下还有一格，注明某年闰某月。根据这个表，我们可以查

知某纪年某月某干支是什么日子。例如《资治通鉴》记安禄山之乱，唐明皇由长安逃走是至德元载六月乙未，我们想知道是哪一天，就可以翻检此表，找到唐肃宗至德元载（即天宝十五载），六月一格写“癸未”，这是表示此月初一是癸未，向下数，初二是甲申，初三是乙酉……十三是乙未，就可以知道唐明皇是天宝十五载（据下栏注，知道本年七月才改年号为至德）六月十三日逃走的。从汉平帝元始元年（公元元年）起，表上又注明西历，这之后，我们又可以据此表查知某日是西历哪一天。例如唐明皇逃走的那一年，六月一格，“癸未”的左方注明“$^{\text{七}}_{2}$”，这是表示“六月初一”这一天是西历“七月二日”，“六月十三”自然是“七月十四”。从唐高祖武德五年（622年）起又注明回历，读古籍，遇见用回历记时，可以据此表查知与中西历的对应情况。

29.《两千年中西历对照表》——薛仲三、欧阳颐合编，生活·读书·新知三联书店出版

用途与《二十史朔闰表》相同，1955年编成。与《二十史朔闰表》相比，内容有三点差异：①阴阳历年月日的对应情况，表上的表现方式不同；②起于公元元年（汉平帝元始元年），止于公元2000年；③不附回历。附录有《各朝代朔闰表》《历代年号笔画索引》《六十花甲序数表》等十八个表。

如果想知道阴历某年某月某日的干支，以及是公元某年某月某日（或相反），这一天是星期几，只要在这2000年之内，查此书很方便。至于查的方法，书前《引言》里举四种情况为例，讲得很清楚，使用时要先看《引言》。

30.《历代名人生卒年表》——**梁廷灿编，商务印书馆出版**

考证史实，有关人物在世的确定年代很重要。本书根据钱大昕《疑年录》等材料，搜集历史人物近五千，用表格形式注明其生卒年（少数不确知），1927年编成。由孔丘、秦商起，按生年先后排列，至朱学曾、罗福苌止。表由上到下分为八格，分别写姓名、字号、籍贯、生年（中西历）、卒年（中西历）、岁数。帝王、闺秀、高僧另列表。书前有按四角号码和笔画编排（同姓的仍按时代先后排）的两种索引，查寻很方便。

31.《历代名人年里碑传总表》——**姜亮夫编，商务印书馆出版**

性质与《历代名人生卒年表》相同，表格形式也大致相同，1937年编成。收入较多，超过一万二千；表内所注较详，生卒年并注明在民国纪元前若干年，最后备考栏注明材料来源。闺秀不另列表，也不注明系女性。帝王、高僧也另列表。书后有按笔画多少编排的《名人姓氏笔画索引》，“姓”

后注四角号码和页码，可据此再到按四角号码编排的《历代名人年里碑传总表索引》里去找某人。只是这部书编纂比较粗糙，错漏在所难免，使用时要多考核。

32.《中国历史人物生卒年表》——吴海林、李延沛编，黑龙江人民出版社出版

性质与上二书相同，1979年编成。收入六千多人。因为编纂较晚，兼收昔日不为士大夫所重的一些人，如李自成和曹雪芹；所收近年人比上二书多些，如最后收到余叔岩和溥仪。

五　类书

类书是我国一种性质比较特别的典籍，绝大多数像是百科知识（古籍上的）的辑要本。起初是为了帝王的方便编的，如最早的一部名《皇览》，是供魏文帝曹丕读的，以后还有《修文御览》《太平御览》，也是这种性质。因为古籍多而杂，从其中择要归类（或以内容性质为线索，或以字的形、音为线索），对于时间少而想了解全面的人确是有很多方便。因为方便，编纂渐多，性质渐变，有很多成为搜寻文料、查寻典故的库藏，也就是辞书。例如某人想作一篇赋或一首诗，是关于七夕的，而腹内空空，就可以求救于类书，翻

到“岁时”部“七夕”那里，挑选合用的辞藻（大多出于古典），放到自己的笔下。又如读书碰到什么语句，不知有何来历，也可以就其性质到类书里去查。用处这样大，所以历代官修私纂，产量很大；读书人视力之所及，多少要购置一些放在案头。我们现在只是学习文言，当然不再从其中搜寻文料，但是作为旧时代的辞书，适当地利用一下还是必要的。类书很多，这里只介绍大家常用的清代官修的几种。

33.《渊鉴类函》——张英等奉康熙皇帝命令编

这是根据旧有许多种类书《唐类函》《艺文类聚》《北堂书钞》等编的，四百五十卷，总目四卷，康熙四十九年（1710）编成。内容分“天”“岁时”“地”“兽”“鳞介”“虫豸”共四十五部。部之下再分小类，如“天部”之下分“天”“日”“月”“星”“天汉”“云”“风”“雨”等小类。每类之下先述说“释名”“总论”“沿革”“缘起”等，然后举“典故”“对偶”“摘句”“诗文”，都详注出处。因为是集以前类书之大要，所以内容丰富。我们读文言典籍，有些语句，《辞源》《辞海》上查不到，可以翻这部书试试。

34.《骈字类编》——张廷玉等奉康熙皇帝命令编

这部书比《渊鉴类函》性质单纯，只收二字合成的词语，二百四十卷，到雍正四年（1726年）才编成。内容分“天地”“时令”“山水”等十二门，加补遗“人事”，共十三门。每门下以单字为纲（共收1 604个），收由此字起头的双音词语（按字义分先后），以下引书以经史子集为序，出处皆注明书篇名。例如卷一开头《天地门》第一个字是“天”，以下收双音词“天地”“天日”“天月”“天风”等；“天地”条下先引《易经·乾卦》“夫大人者与天地合其德”，以下引书数十种。查古籍中某双音词语的使用情况，可以利用这部书。

35.《古今图书集成》——陈梦雷等奉康熙皇帝命令编，蒋廷锡等奉雍正皇帝命令重编

这是我国最大的一部类书，一万卷，总目四十卷，雍正四年（1726年）才最后完成。内容繁富，等于古籍的分类总汇。内容先总分为“历象”“方舆”“明伦”“博物”“理学”“经济”六汇编；每一汇编下分为若干典，如《历象汇编》分为“乾象”“岁功”“历法”“庶征”四典，共32典；每一典又分为若干部，更细，如《历象汇编·乾象典》分为“天地”“天”“阴阳”等21部，《博物汇编·草木典》分为“草木”“草”“木”等700部，共9 190部。每部下又分为“汇考”“总论”“艺文”“选句”“纪事”“杂录”几部分，详列古籍中有关材料。读文言典籍，想知道某事物的文献情况，可以查阅这部书。

36.《佩文韵府》——张玉书等奉康熙皇帝命令编

《韵府拾遗》——张廷玉等奉康熙皇帝命令编

这是我国按韵编排集辞藻性的词语并注明出处的最大的一部类书。《佩文韵府》由康熙四十三年（1704年）开始编，五十年（1711年）编成。刊印以后，觉得还有缺漏，从康熙五十五年（1716年）起编《韵府拾遗》，五十九年（1720年）编成。都是依韵分卷，平水韵106韵，全书分106卷（《佩文韵府》有的韵字多，分上下卷）。每一韵的字，大致按常用、少用排先后，如“一东”韵第一个字是“东”，最后一个字是“洬”。单字之下先注反切和意义，然后排列由这个字收尾的词语（按出处的时代先后排列），字数少的在前，如“东”下先是“南东”“自东”“在东”等，然后“涧瀍东”“首阳东”等，又“宿西食东”等。两书内容略有分别。《佩文韵府》一单字之下有《韵藻》（收上举的词语）、《对语》（如“渭北”对“江东”，“北山北”对“东谷东”等）、《摘句》（收“东”字收尾的五七言诗句，如“力障百川东”“翠华拂天来向东”等）三项；只《韵藻》部分的词语下注出处。《韵府拾遗》一单字之下只《补藻》（补充《韵藻》条目）、《补注》两项。这两部书共收单字一万上下，词语一百几十万，因而一般辞书查不到的，利用这部书常常可以查到。缺点是注出处嫌简略，如注书名而不注篇名（如《汉书》），注人名而不注篇题（如“王维诗”），找起来还要费力。这两部书内容太多，查寻时要利用商务印书馆编的按四角号码排列的《佩文韵府索引》（商务版《佩文韵府》的最后一册，即第七册，1937年出版）。例如我们忽然想起一句诗“家家扶得醉人归”，忘记是谁作的，就可以先看索引（假定不会四角号码），书最后《笔画索引》31页十五画由上向下第四栏“酉”部有“醉”字（索引按词语首一字排），下注“一〇六四，八”“六九·五”，这是说“醉”字的四角号码是“一〇六四，八”，在69页由上向下第五栏，然后翻看前面，找到“一〇六四，八”，并看69页第五栏，果然有“醉”字条。其下由它起头的词语很多，可以查第二字“人”号码的前两个字，查得是“八〇”，于是翻到70页第一栏，“八〇”之下有“醉人归”，下注“四二九九，一”，这是表示此语在4299页第一栏。然后拿第六册，翻到该页，看第一栏，有“醉人归”，下注：王驾诗：桑柘影斜春社散，家家扶得醉人归。（如果想知道全诗而对王驾也生疏，可以先查《中国人名大辞典》，知道他是唐朝人，然后查《全唐诗》王驾诗那部分。）

六　目录

目录是典籍的档案，博览的导师。我们只是学习文言，当然用不着追求过多、过深。下面只举几种常常需要参考的。

37.《中国古典文学名著题解》——中国青年出版社编辑出版

这是一部介绍我国重要文学家和重要文学作品（包括选辑的）的书，1980年编成。上起先秦，下至近代，共介绍作品二百五十多部，也收戏曲和小说（不完全是文言）。编排以时代先后为序，一个时代里再按文体分类，如汉魏六朝分为“诗·赋”“文”“小说”。介绍先作家后作品，分析比较细。作品末尾并举可用的版本，很便于初学。

38.《书目答问补正》——范希曾编，有中华书局影印本

《书目答问》是张之洞于同治末年任四川学政时编的，光绪二年（1876年）刊印。原是为指导生童如何选读古籍而作。收书两千多种，大致按经史子集四部分类，每部之下又分小类，不完全依《四库全书》。四部后并收“丛书”和初学各种读本。每部内之书大致按时间先后排列。书名之下注明作者及可用版本。因为多缺漏，所以范希曾为它作了补正，除改正

错误以外，又补充了不少新材料，到1929年编成。这部书所举古籍，在旧时代可说是简约而得当，所以对今天学习文言还有不小的参考价值。

39.《四库全书总目提要》——永瑢等奉乾隆皇帝命令编

乾隆三十七年（1772年）开始纂辑《四库全书》，用了十年工夫，收书万种以上，内正式入库的三千多种，入存目的六千多种。每种前都写了提要，述说该书的版本、作者、内容、流传等情况以及长短得失，按经史子集四部（每部再分若干小类）编排，成书二百卷，到乾隆四十六年（1781年）编成，名《四库全书总目提要》。提要定稿出于纪昀之手，考证评介多精到之处。读古籍，想较深入地了解某一部书的情况，可以把这部书当作书名辞典使用。商务印书馆印本最后附有按四角号码编排的《四库全书总目提要书名及著者索引》，查寻时可以利用。

40.《中国丛书综录》——上海图书馆编，中华书局出版

读文言典籍，需要了解丛书的情况，因为：①丛书把各种性质的书集在一起，能与读者以方便；②有的书现在只见于丛书，其他处所不能找到。了解丛书，需要知道：①有哪些重要的丛书，每种丛书中收哪些书；②某一书是否收入丛书以及收入哪些丛书；③某一作者有哪些书收入哪些丛书。丛书几千

种，所收之书若干万，了解以上三项实在不易，因而需要有一部查丛书情况的大辞典。这部《中国丛书综录》就是一部解决这个困难的辞典，1959年编成。全书分三册。第一册是《总目分类目录》，总括全国四十一个著名图书馆的丛书2 797种，分为“汇编”（包括“杂纂”“辑佚”等五小类）“类编”（包括经史子集四小类）两类。各小类下举属于这种性质的丛书及其包括的子目。想知道有何丛书（借助书后的丛书书名索引），各丛书收书情况，可以查这一册。第二册是《子目分类目录》，书名按经史子集次序排列。这一册有两种用途：①可以查知某种性质的书（如工艺讲陶瓷的，游艺讲谜语的，等等）都有哪些；②可以查知某一种书入不入丛书，入哪种丛书，是何人所著（借助第三册《子目书名索引》）。第三册是索引，包括《子目书名索引》和《子目著者索引》。（查某一作者有哪些著作入哪种丛书），都按四角号码次序编排。根据索引按图索骥，无论想查什么都很方便（如果还有疑问，可看各册前的《编例》。）

七　政书

政书是讲典章制度的书，读文言典籍，想全面而深入地了解历史名物的底细，常常要参考它。常用的政书有“通典”三种，“通志”三种，“通考”四种，简称《十通》。

41.《通典》二百卷——唐杜佑编

42.《通志》二百卷——宋郑樵编

43.《文献通考》三百四十八卷——元马端临编

44.《续通典》一百五十卷——嵇璜等奉乾隆皇帝命令编

45.《续通志》六百四十卷——同上

46.《续文献通考》二百五十卷——同上

47.《清朝通典》（原名《钦定皇朝通典》）一百卷——同上

48.《清朝通志》（原名《钦定皇朝通志》）一百二十六卷——同上

49.《清朝文献通考》（原名《钦定皇朝文献通考》）三百卷——同上

50.《清朝续文献通考》（原名《皇朝续文献通考》）四百卷——清末刘锦藻编

《十通》量太大，内容过繁，不容易介绍，也不必详细介绍，因为我们用它作查历史名物的辞书，要知道的只是如何去查。最好用商务印书馆三十年代排印本，精装二十册，后附《十通索引》一册。索引开头有《说明》，先列表介绍《十通》的内容及编纂情况，简明扼要。然后介绍两种索引——《十通四角号码索引》和《十通分类索引》的用途、编排体例和使用方法（并举例说明）。熟悉索引的用法，想了解某一名物的情况而不满足于一般辞书的简略介绍，可以参考这部大书。

国家新闻出版广电总局
首届向全国推荐中华优秀传统文化普及图书

‖大家小书书目

国学救亡讲演录	章太炎 著 蒙 木 编
门外文谈	鲁 迅 著
经典常谈	朱自清 著
语言与文化	罗常培 著
习坎庸言校正	罗 庸 著 杜志勇 校注
鸭池十讲（增订本）	罗 庸 著 杜志勇 编订
古代汉语常识	王 力 著
国学概论新编	谭正璧 编著
文言尺牍入门	谭正璧 著
日用交谊尺牍	谭正璧 著
敦煌学概论	姜亮夫 著
训诂简论	陆宗达 著
金石丛话	施蛰存 著
常识	周有光 著 叶 芳 编
文言津逮	张中行 著
经学常谈	屈守元 著
国学讲演录	程应镠 著
英语学习	李赋宁 著
中国字典史略	刘叶秋 著
语文修养	刘叶秋 著
笔祸史谈丛	黄 裳 著
古典目录学浅说	来新夏 著
闲谈写对联	白化文 著
汉字知识	郭锡良 著
怎样使用标点符号（增订本）	苏培成 著
汉字构型学讲座	王 宁 著

诗境浅说	俞陛云　著
唐五代词境浅说	俞陛云　著
北宋词境浅说	俞陛云　著
南宋词境浅说	俞陛云　著
人间词话新注	王国维　著　滕咸惠　校注
苏辛词说	顾　随　著　陈　均　校
诗论	朱光潜　著
唐五代两宋词史稿	郑振铎　著
唐诗杂论	闻一多　著
诗词格律概要	王　力　著
唐宋词欣赏	夏承焘　著
槐屋古诗说	俞平伯　著
词学十讲	龙榆生　著
词曲概论	龙榆生　著
唐宋词格律	龙榆生　著
楚辞讲录	姜亮夫　著
读词偶记	詹安泰　著
中国古典诗歌讲稿	浦江清　著 浦汉明　彭书麟　整理
唐人绝句启蒙	李霁野　著
唐宋词启蒙	李霁野　著
唐诗研究	胡云翼　著
风诗心赏	萧涤非　著　萧光乾　萧海川　编
人民诗人杜甫	萧涤非　著　萧光乾　萧海川　编
唐宋词概说	吴世昌　著
宋词赏析	沈祖棻　著
唐人七绝诗浅释	沈祖棻　著
道教徒的诗人李白及其痛苦	李长之　著
英美现代诗谈	王佐良　著　董伯韬　编
闲坐说诗经	金性尧　著
陶渊明批评	萧望卿　著

古典诗文述略	吴小如　著
诗的魅力 ——郑敏谈外国诗歌	郑　敏　著
新诗与传统	郑　敏　著
一诗一世界	邵燕祥　著
舒芜说诗	舒　芜　著
名篇词例选说	叶嘉莹　著
汉魏六朝诗简说	王运熙　著　董伯韬　编
唐诗纵横谈	周勋初　著
楚辞讲座	汤炳正　著 汤序波　汤文瑞　整理
好诗不厌百回读	袁行霈　著
山水有清音 ——古代山水田园诗鉴要	葛晓音　著
红楼梦考证	胡　适　著
《水浒传》考证	胡　适　著
《水浒传》与中国社会	萨孟武　著
《西游记》与中国古代政治	萨孟武　著
《红楼梦》与中国旧家庭	萨孟武　著
《金瓶梅》人物	孟　超　著　张光宇　绘
水泊梁山英雄谱	孟　超　著　张光宇　绘
水浒五论	聂绀弩　著
《三国演义》试论	董每戡　著
《红楼梦》的艺术生命	吴组缃　著　刘勇强　编
《红楼梦》探源	吴世昌　著
《西游记》漫话	林　庚　著
史诗《红楼梦》	何其芳　著 王叔晖　图　蒙　木　编
细说红楼	周绍良　著
红楼小讲	周汝昌　著　周伦玲　整理

曹雪芹的故事	周汝昌　著　周伦玲　整理
古典小说漫稿	吴小如　著
三生石上旧精魂 ——中国古代小说与宗教	白化文　著
《金瓶梅》十二讲	宁宗一　著
中国古典小说十五讲	宁宗一　著
古体小说论要	程毅中　著
近体小说论要	程毅中　著
《聊斋志异》面面观	马振方　著
《儒林外史》简说	何满子　著

我的杂学	周作人　著　张丽华　编
写作常谈	叶圣陶　著
中国骈文概论	瞿兑之　著
谈修养	朱光潜　著
给青年的十二封信	朱光潜　著
论雅俗共赏	朱自清　著
文学概论讲义	老　舍　著
中国文学史导论	罗　庸　著　杜志勇　辑校
给少男少女	李霁野　著
古典文学略述	王季思　著　王兆凯　编
古典戏曲略说	王季思　著　王兆凯　编
鲁迅批判	李长之　著
唐代进士行卷与文学	程千帆　著
说八股	启　功　张中行　金克木　著
译余偶拾	杨宪益　著
文学漫识	杨宪益　著
三国谈心录	金性尧　著
夜阑话韩柳	金性尧　著
漫谈西方文学	李赋宁　著
历代笔记概述	刘叶秋　著

周作人概观	舒　芜　著
古代文学入门	王运熙　著　董伯韬　编
有琴一张	资中筠　著
中国文化与世界文化	乐黛云　著
新文学小讲	严家炎　著
回归，还是出发	高尔泰　著
文学的阅读	洪子诚　著
中国文学1949—1989	洪子诚　著
鲁迅作品细读	钱理群　著
中国戏曲	么书仪　著
元曲十题	么书仪　著
唐宋八大家 ——古代散文的典范	葛晓音　选译
辛亥革命亲历记	吴玉章　著
中国历史讲话	熊十力　著
中国史学入门	顾颉刚　著　何启君　整理
秦汉的方士与儒生	顾颉刚　著
三国史话	吕思勉　著
史学要论	李大钊　著
中国近代史	蒋廷黻　著
民族与古代中国史	傅斯年　著
五谷史话	万国鼎　著　徐定懿　编
民族文话	郑振铎　著
史料与史学	翦伯赞　著
秦汉史九讲	翦伯赞　著
唐代社会概略	黄现璠　著
清史简述	郑天挺　著
两汉社会生活概述	谢国桢　著
中国文化与中国的兵	雷海宗　著
元史讲座	韩儒林　著

魏晋南北朝史稿	贺昌群　著
汉唐精神	贺昌群　著
海上丝路与文化交流	常任侠　著
中国史纲	张荫麟　著
两宋史纲	张荫麟　著
北宋政治改革家王安石	邓广铭　著
从紫禁城到故宫 ——营建、艺术、史事	单士元　著
春秋史	童书业　著
明史简述	吴　晗　著
朱元璋传	吴　晗　著
明朝开国史	吴　晗　著
旧史新谈	吴　晗　著　习　之　编
史学遗产六讲	白寿彝　著
先秦思想讲话	杨向奎　著
司马迁之人格与风格	李长之　著
历史人物	郭沫若　著
屈原研究（增订本）	郭沫若　著
考古寻根记	苏秉琦　著
舆地勾稽六十年	谭其骧　著
魏晋南北朝隋唐史	唐长孺　著
秦汉史略	何兹全　著
魏晋南北朝史略	何兹全　著
司马迁	季镇淮　著
唐王朝的崛起与兴盛	汪　篯　著
南北朝史话	程应镠　著
二千年间	胡　绳　著
论三国人物	方诗铭　著
辽代史话	陈　述　著
考古发现与中西文化交流	宿　白　著
清史三百年	戴　逸　著

清史寻踪	戴　逸　著
走出中国近代史	章开沅　著
中国古代政治文明讲略	张传玺　著
艺术、神话与祭祀	张光直　著
	刘　静　乌鲁木加甫　译
中国古代衣食住行	许嘉璐　著
辽夏金元小史	邱树森　著
中国古代史学十讲	瞿林东　著
历代官制概述	瞿宣颖　著
宾虹论画	黄宾虹　著
中国绘画史	陈师曾　著
和青年朋友谈书法	沈尹默　著
中国画法研究	吕凤子　著
桥梁史话	茅以升　著
中国戏剧史讲座	周贻白　著
中国戏剧简史	董每戡　著
西洋戏剧简史	董每戡　著
俞平伯说昆曲	俞平伯　著　陈　均　编
新建筑与流派	童　寯　著
论园	童　寯　著
拙匠随笔	梁思成　著　林　洙　编
中国建筑艺术	梁思成　著　林　洙　编
沈从文讲文物	沈从文　著　王　风　编
中国画的艺术	徐悲鸿　著　马小起　编
中国绘画史纲	傅抱石　著
龙坡谈艺	台静农　著
中国舞蹈史话	常任侠　著
中国美术史谈	常任侠　著
说书与戏曲	金受申　著
世界美术名作二十讲	傅　雷　著

中国画论体系及其批评	李长之　著
金石书画漫谈	启　功　著　赵仁珪　编
吞山怀谷 ——中国山水园林艺术	汪菊渊　著
故宫探微	朱家溍　著
中国古代音乐与舞蹈	阴法鲁　著　刘玉才　编
梓翁说园	陈从周　著
旧戏新谈	黄　裳　著
民间年画十讲	王树村　著　姜彦文　编
民间美术与民俗	王树村　著　姜彦文　编
长城史话	罗哲文　著
天工人巧 ——中国古园林六讲	罗哲文　著
现代建筑奠基人	罗小未　著
世界桥梁趣谈	唐寰澄　著
如何欣赏一座桥	唐寰澄　著
桥梁的故事	唐寰澄　著
园林的意境	周维权　著
万方安和 ——皇家园林的故事	周维权　著
乡土漫谈	陈志华　著
现代建筑的故事	吴焕加　著
中国古代建筑概说	傅熹年　著
简易哲学纲要	蔡元培　著
大学教育	蔡元培　著 北大元培学院　编
老子、孔子、墨子及其学派	梁启超　著
春秋战国思想史话	嵇文甫　著
晚明思想史论	嵇文甫　著
新人生论	冯友兰　著

中国哲学与未来世界哲学	冯友兰　著
谈美	朱光潜　著
谈美书简	朱光潜　著
中国古代心理学思想	潘　菽　著
新人生观	罗家伦　著
佛教基本知识	周叔迦　著
儒学述要	罗　庸　著　杜志勇　辑校
老子其人其书及其学派	詹剑峰　著
周易简要	李镜池　著　李铭建　编
希腊漫话	罗念生　著
佛教常识答问	赵朴初　著
维也纳学派哲学	洪　谦　著
大一统与儒家思想	杨向奎　著
孔子的故事	李长之　著
西洋哲学史	李长之　著
哲学讲话	艾思奇　著
中国文化六讲	何兹全　著
墨子与墨家	任继愈　著
中华慧命续千年	萧萐父　著
儒学十讲	汤一介　著
汉化佛教与佛寺	白化文　著
传统文化六讲	金开诚　著　金舒年　徐令缘　编
美是自由的象征	高尔泰　著
艺术的觉醒	高尔泰　著
中华文化片论	冯天瑜　著
儒者的智慧	郭齐勇　著

中国政治思想史	吕思勉　著
市政制度	张慰慈　著
政治学大纲	张慰慈　著
民俗与迷信	江绍原　著　陈泳超　整理

政治的学问	钱端升　著　钱元强　编
从古典经济学派到马克思	陈岱孙　著
乡土中国	费孝通　著
社会调查自白	费孝通　著
怎样做好律师	张思之　著　孙国栋　编
中西之交	陈乐民　著
律师与法治	江　平　著　孙国栋　编
中华法文化史镜鉴	张晋藩　著
新闻艺术（增订本）	徐铸成　著
经济学常识	吴敬琏　著　马国川　编
中国化学史稿	张子高　编著
中国机械工程发明史	刘仙洲　著
天道与人文	竺可桢　著　施爱东　编
中国医学史略	范行准　著
优选法与统筹法平话	华罗庚　著
数学知识竞赛五讲	华罗庚　著
中国历史上的科学发明（插图本）	钱伟长　著

出版说明

“大家小书”多是一代大家的经典著作，在还属于手抄的著述年代里，每个字都是经过作者精琢细磨之后所拣选的。为尊重作者写作习惯和遣词风格、尊重语言文字自身发展流变的规律，为读者提供一个可靠的版本，“大家小书”对于已经经典化的作品不进行现代汉语的规范化处理。

提请读者特别注意。

北京出版社